古韵新声：中华优秀传统文化及其创新发展

赵荣耀 / 著

河海大学出版社
HOHAI UNIVERSITY PRESS

图书在版编目（CIP）数据

古韵新声：中华优秀传统文化及其创新发展 / 赵荣耀著. -- 南京：河海大学出版社，2024.12. -- ISBN 978-7-5630-9309-0

Ⅰ．G122

中国国家版本馆CIP数据核字第2024E0T425号

书　　名 /	古韵新声：中华优秀传统文化及其创新发展 GUYUN XINSHENG:ZHONGHUA YOUXIU CHUANTONG WENHUA JIQI CHUANGXIN FAZHAN
书　　号 /	ISBN 978-7-5630-9309-0
责任编辑 /	齐　岩
特约校对 /	黎　红
装帧设计 /	刘昌凤　朱文浩
出版发行 /	河海大学出版社
地　　址 /	南京市西康路1号（邮编：210098）
电　　话 /	（025）83737852（总编室） （025）83722833（营销部）
经　　销 /	全国新华书店
印　　刷 /	涿州市荣升新创印刷有限公司
开　　本 /	880毫米×1230毫米　1/32
印　　张 /	5.75
字　　数 /	128千字
版　　次 /	2024年12月第1版
印　　次 /	2024年12月第1次印刷
定　　价 /	59.80元

前　言

　　作为中华民族的根与魂，中华优秀传统文化承载了五千年的历史记忆与文化基因，它是串联过去、现在与未来的精神纽带，不仅彰显了中华民族的独特魅力，更为当代社会的发展提供了重要的指导意义。中华优秀传统文化的和谐、包容、创新等核心理念，为构建和谐社会、推动可持续发展、实现文化繁荣提供了宝贵的智慧与启示。通过深入研究和挖掘其内涵，我们能够更准确地把握其时代价值，为当代社会的发展注入强大的思想动力和文化支撑，进一步弘扬中华文化的精髓，展现中华民族的文化自信与力量。

　　本书从中华优秀传统文化的概念出发，解读其思维方式与功能特征。进而，通过挖掘古代哲学思想、文学艺术、科技成就和传统民俗文化，展现中华优秀传统文化的深厚根基。在现代传承方面，本书在分析传承现状的基础上，探讨传承的内在逻辑与路径选择，并提出对传承人的保护措施。在创新性发展上，本书强调中华优秀传统文化创新发展的实质与价值，并探讨了实现创新发展的多种途径。最后，通过多维实践，展示了中华优秀传统文化在服装设计、旅游开发、虚拟现实技术应用以及新型主流媒体传播中的生动应用与独特价值。

　　全书内容有详有略，脉络清晰，重点突出，逻辑严明，语言流畅，旨在为读者提供一个全面而深入地了解中华优秀传统文化及其创新发展的窗口，激发人们对传统文化的热爱与传承创新的热情。

本书在写作过程中，笔者得到了许多专家和学者的帮助与指导，在此表示衷心的感谢。由于笔者的能力有限，加之时间紧迫，书中可能存在一些遗漏之处，希望读者们能够提供宝贵的意见和建议，以便笔者进一步修订，使其更加完善。

目 录

第一章 中华优秀传统文化的基本认识 /001
一、中华优秀传统文化的相关概念　　001
二、中华优秀传统文化的产生基础　　003
三、中华优秀传统文化的思维方式　　013
四、中华优秀传统文化的功能特征　　024

第二章 中华优秀传统文化的深厚根基 /032
一、古代哲学思想　　032
二、古代文学艺术　　047
三、古代科技成就　　069
四、传统民俗文化　　094

第三章 中华优秀传统文化的现代传承探究 /105
一、中华优秀传统文化传承的现实状况　　105
二、中华优秀传统文化传承的内在逻辑　　110
三、中华优秀传统文化传承的路径选择　　118
四、中华优秀传统文化传承人的保护　　124

第四章 中华优秀传统文化创新性发展的思考 /129

  一、中华优秀传统文化创新性发展的实质 129

  二、中华优秀传统文化创新性发展的价值 132

  三、中华优秀传统文化创新性发展的途径 136

第五章 中华优秀传统文化创新发展的多维实践 /147

  一、中华优秀传统文化在服装设计中的应用 147

  二、中华优秀传统文化在旅游开发中的价值 153

  三、虚拟现实技术与中华优秀传统手工艺保护 158

  四、中华优秀传统文化在新型主流媒体中的传播 164

结束语 / 172

参考文献 / 173

第一章 中华优秀传统文化的基本认识

一、中华优秀传统文化的相关概念

（一）文化的本质分析

"文化"作为一个高频词语，界定其颇具挑战性。尽管关于文化的本质存在多种解释和观点，尚未形成定论，但当前的主流观点倾向于将文化的本质归结为人化。这一观点强调文化的生成和发展离不开人类与社会的互动参与。文化不仅是人类在创造社会历史进程中的产物，也是人类对原始自然进行适应和改造的结果。文化的多样性反映了不同群体在价值观念、思维方式和智力水平等方面的差异。

值得注意的是，尽管人类处于不断变化之中，文化却作为一种抽象存在，具有相对的稳定性和持久性。因此，文化并非人类本质的直接体现。在探讨文化与人类的关系时，应以人类的实践性、社会性以及人的理智、自我意识和本质为出发点，深入剖析文化对人类创造力、精神世界的贡献，以及人类如何受到文化延续性的影响。

然而，也有学者提出与主流观点相异的看法，即文化应独立于人类本质进行研究。他们主张文化是一种不依赖于人的独立产物，应将其与人的精神世界区分开来，从而专注于探讨文化本身的内涵、继承性和延续性。然而，这种观点在实际操作中往往难以成立，因为文化作为一种社会存在，必然与人类产生直接关联。脱离人类的文化如同无源之水，难以独立存在。

综上所述，对于文化本质的认知应基于实证和客观的角度，将文化与人类视为一个不可分割的整体进行审视。在探究文化时，应关注艺术、习俗、道德、信仰及学识等要素，这些要素不仅是人类在社会环境中创造的产物，也反映了人类如何通过直接或间接的方式影响文化的形成，进而适应或改造自身所处的环境。

（二）中华优秀传统文化的概念界定

"传统文化的形成是历史发展的产物，它随着历史的发展变化而发生改变并不断地延续保留。"[1]

中华文化经历了漫长且蜿蜒的发展轨迹，从萌芽到鼎盛的发展，体现了中华民族物质文化与精神文化的日益丰盈，同时也标志着文明演进的高峰逐步显现。这一过程根植于特定的地理、经济和政治土壤，正是这些独特的条件和背景，塑造了中华文化独特的丰富性和多样性，为世世代代的中华儿女提供了深厚的滋养。

中华优秀传统文化表现为一种相对稳定的文化发展态势，它是中华民族在历史长河中逐步孕育、发展和完善的产物。这一文化形态凝结了中国人民在实践中的丰富经验，是具有深厚内涵和深刻理论思想的独特文化。其价值不仅通过文献经典、文化器具等客观载

---

[1]. 王超阳. 传统文化的信息可视化设计研究——以二十四节气为例[D]. 太原：山西大学，2019：8.

体展现，更在思维观念、性格特征、行为举止、风尚习俗等多个层面得到广泛延续与发展。

中华优秀传统文化是全国各民族人民及海外华侨华人共同创造与书写的宝贵财富。各民族之间的文化元素既存在显著的差异，也拥有着共性。这种差异与共性的并存，促进了各民族在差异中寻求包容，在包容中实现统一，并逐步形成了整个中华民族的文化认同、价值认同和民族认同。在相互交流与借鉴的过程中，各民族人民取长补短、博采众长，共同构建了具有普遍性和包容性的文化价值内核。

二、中华优秀传统文化的产生基础

中华优秀传统文化产生的基础是数千年的历史积淀和广阔的地域文化，中华优秀传统文化深深植根于中华大地的土壤之中，是中华民族智慧的结晶。

（一）中华优秀传统文化产生的地理环境

中华文化源远流长，其植根于独特的地理环境之中。地理环境作为文化形成和发展的基础条件，对中华文化的塑造起到了至关重要的作用。

1. 中国的地理环境特点

（1）地域辽阔，地形多样

中国地域广袤，横跨多个气候带和地形区，这为中华文化的多元性提供了物质条件。从巍峨的长城脚下的平原，到江南的水乡，再到西南的崇山峻岭，每一片土地都孕育了独特的地域文化。平原地区的农耕文明孕育了谦和与有序的儒家文化，水乡泽国的环境则培养了细腻与灵动的吴越文化，而高山峡谷中的民族则保留了更为原始和神秘的文化传统。

地形的多样性不仅影响了人们的生产生活方式，更在深层次上塑造了不同地区的价值观和世界观。例如，黄土高原的沟壑纵横培养了人们坚韧不拔的性格和对土地的深厚情感，而江南水乡的温润平坦则催生了人们对平和与含蓄的追求。这些具有地域特色的文化相互交织融合，共同构成了丰富多彩的文化画卷。

（2）气候多变，资源丰富

中国气候类型的多样性为文化的多样性提供了自然条件。从寒冷的东北地区到炎热的南方，从干燥的西部到湿润的东部沿海地区，气候的差异导致了农作物种植结构、建筑风格乃至生活习俗的显著差异。北方严寒的气候培养了人们耐寒和艰苦奋斗的精神，而南方的湿热则孕育了人们细腻温婉与开放包容的性格，以及对精致生活艺术的追求。

同时，中国又是一个资源丰富的国家，无论是矿产资源、水资源还是生物资源，都为中华民族的发展提供了坚实的物质基础。资源的丰富性不仅影响了经济活动的类型和规模，更在精神层面激发了人们对自然的敬畏和感恩之心。在中华文化中，尊重自然、顺应自然、保护自然的理念深入人心，这与地理环境中的资源丰富性密不可分。

2. 地理环境对优秀传统文化形成的影响

（1）农耕文明与游牧文明的交融

中国地理环境复杂多样，既有广阔的平原、盆地适宜农耕，又有辽阔的草原适合游牧。这种地理环境孕育了农耕文明与游牧文明两种截然不同的文化形态。农耕文明以定居农业为基础，注重稳定与有序，崇尚和谐与自然；而游牧文明则以迁徙放牧为生活方式，强调自由与冒险，具有更为开放和更具动态的文化特征。这两种文明的交融，为中华文化注入了丰富的内涵和活力。一方面，农耕文明的稳定与有序为中华文化提供了坚实的物质基础和精神支撑，形成了中华民族勤劳、节俭、重视家庭与社区的传统美德；另一方面，游牧文明的自由与开放则为中华文化带来了勇敢、创新和探索的精神。这两种精神在中华民族的文学艺术、科学技术等领域得到了充分体现。

农耕文明与游牧文明的交融还体现在中华民族的历史进程中。历史上，中原农耕文明与北方游牧文明之间的交流与融合从未停止，这种交融不仅促进了文化的传播与发展，更在深层次上塑造了中华民族多元一体的文化格局。例如，元朝时期，蒙古族游牧文化与中原农耕文化的交融,为中华文化注入了新的活力,促进了独具特色的元曲等文化艺术形式的形成。

（2）不同地域文化的特色及其交流

中国地域辽阔,不同地区的地理环境差异显著,这导致了地域文化的多样性。各地域文化在形成过程中,深受当地自然环境和人文历史的影响,形成了独具特色的文化传统和风俗习惯。例如,江南水乡的文化以细腻、柔美见长,注重生活情趣和审美情趣的培养；而黄土高原的陕北文化则显得粗犷、豪放,崇尚勤劳与坚韧。这些地域文化的特色不仅丰富了中华文化的内涵,更为中华民族的精神世界增添了多彩的色彩。

地域文化的交流也是中华文化发展的重要推动力。历史上,随着人口迁徙、商贸往来以及政治变革,不同地域的文化不断碰撞与融合,形成了今天各自独特又相互联系的地域文化体系。这种文化交流不仅促进了文化的传播与创新,更在深层次上加强了中华民族的凝聚力和认同感。

3. 地理环境与优秀传统文化传承的关系

（1）地域特色在传统文化中的体现

中国广袤的地理环境中,不同地域因其独特的自然条件和生活方式,孕育了各具特色的地域文化。这些地域特色在传统文化中有着深刻的体现,成为中华文化丰富多彩的重要组成部分。

以西南地区为例,其地理环境以山地为主,气候多样,民族众多,这种环境孕育了丰富多样的西南文化。在传统节日、庆典活动中,常常可以看到各种民族舞蹈、音乐和独特的民族服饰,这些都是西南地域特色文化的生动展现。此外,西南地区的建筑风格也独具特色,如吊脚楼等传统建筑,既适应了地形和气候条件,又体现了当地人民的智慧和审美追求。

再比如,华北平原的地理环境则塑造了另一种地域文化。这里地势平坦,土地肥沃,适合农耕生产。这种环境孕育了华北人民勤劳朴实、重视家庭的品质,也在传统文化中留下了深刻的烙印。华北地区的传统节庆活动、民间艺术等,都体现了这种地域特色对文化艺术的影响。例如,春节期间的庙会、舞龙舞狮等传统活动,以及剪纸、年画等民间艺术形式,都充分展示了华北地域文化的独特魅力。

(2)地理环境对文化艺术风格的影响

地理环境对文化艺术风格的影响是多方面的。

首先,地理环境决定了当地人民的生活方式和审美观念,从而影响着文化艺术的表现形式。在山清水秀的地区,人们欣赏和表现自然之美的倾向更为明显,因此山水画等描绘自然风光的艺术形式在这些地区备受推崇。而在广袤的平原或草原地区,人们更注重表现开阔、豪放的情怀,因此相关题材的艺术作品更为流行。

其次,地理环境还影响着文化艺术的创作材料和技法。在资源丰富的地区,如竹木茂盛的南方,竹编、木雕等艺术形式得以蓬勃发展;而在盛产特定矿产资源的地区,则更易发展与之相关的矿物制作艺术。

最后，地理环境还通过影响社会经济状况来间接影响文化艺术风格。地理环境优越的地区往往经济发达，商业繁荣，为文化艺术的发展提供了更多的资源和机会；而地理环境相对恶劣的地区则可能经济相对滞后，但正是这种环境的挑战激发了人们的创造力和坚韧精神，从而在文化艺术中展现出别样的风格和内涵。

（二）中华优秀传统文化产生的社会经济

在传统社会中，农耕经济占据了主导地位，它不仅为中国古代人民提供了物质生活的基础，更在深层次上塑造了中华民族的文化观念和精神世界。

1. 传统农耕经济的特征与影响

（1）小农经济的主导地位

在传统中国社会，小农经济是社会经济结构的基础。这种经济模式以家庭为单位，以自给自足为主要特征，即农民在自家的土地上耕种，生产出的农产品主要供家庭消费，剩余部分用于交换。小农经济的这种自给自足性质，使得农民对土地的依赖极深，土地是他们最重要的生产资料和生活保障。

小农经济的主导地位不仅体现在经济生产上，更对政治、文化等多个领域产生了深远影响。政治上，由于农民对土地的深厚情感，土地问题成为历代统治者必须重视的问题，土地政策的合理与否直接关系到社会的稳定与动乱；文化上，小农经济孕育了中华民族勤劳、节俭、重视家庭等传统美德，这些美德在中华文化中占据了重要地位。

（2）农耕经济对文化观念的塑造

首先，农耕经济强调了家族和血缘关系的重要性。在农耕社会中，家族是基本的社会单位，家族成员之间共同劳动、共同生活，形成了紧密的血缘纽带。这种家族观念在中华文化中得到了充分体现，如尊老爱幼、家族荣誉等观念深入人心。

其次，农耕经济培养了中国人民勤劳与坚韧的品质。农耕生产需要辛勤的劳作和长期的耐心等待，这塑造了中国人民勤劳耐劳的性格特点。同时，面对自然灾害等不可预测的风险，人们必须展现出坚韧不拔的精神以应对困境，这种精神也在中华文化中得到了传承和弘扬。

再次，农耕经济对中华文化的审美观念也产生了影响。在农耕社会中，人们与自然的和谐共生是至关重要的。这种对自然的敬畏和依赖，使得中国古代艺术作品中充满了对自然景观的描绘和赞美，如山水画、田园诗等艺术形式都体现了这一点。

最后，农耕经济还促进了中华文化的传承与创新。在农耕社会中，农民在劳动过程中积累了丰富的经验和智慧，这些经验和智慧通过口耳相传、世代相承的方式得以保存和传播。同时，随着农耕技术的发展和进步，人们在生产实践中不断改进农具、创新农艺，这种创新精神也在中华文化中得到了体现和传承。

2. 商业与手工业的发展及其对文化的影响

（1）古代市场的形成与繁荣

古代市场，是社会经济发展到一定阶段的必然产物。随着农业生产技术的提高和剩余产品的增多，人们开始有了交换的需求，这促使了集市的产生。最初的市场可能只是临时性的、小规模的，但随着时间的推移，逐渐演变为固定地点、定期开市的专业市场。

市场的繁荣不仅推动了商品经济的发展，还促进了各地文化的交流与融合。在市场中，来自不同地区的人汇聚一堂，他们带来了各自地区的特色商品和文化习俗，通过贸易交流，这些文化元素得以传播和融合，丰富了中华文化的内涵。

此外，古代市场的繁荣还催生了商业文化的兴起。商人们为了推销商品，开始注重包装和宣传，这一系列行为不仅推动了广告、招牌等商业文化的发展，而且在频繁的交易往来中，诚信交易、公平竞争等道德准则被广泛实践与传播，进而逐渐渗透到社会的各个层面，成为中华文化中不可或缺的组成部分。

（2）手工艺品与文化艺术的关系

手工业在古代中国占据了重要地位，它不仅为人们提供了日常生活所需的各种物品，还孕育了丰富的手工艺品。手工艺品是手工艺人智慧的结晶，它们既具有实用价值，又蕴含着深厚的文化内涵。

手工艺品的制作过程，融入了手工艺人的匠心和审美追求。无论是精致的陶瓷器皿、华美的丝绸织品，还是巧夺天工的木雕、漆艺，都体现了中华民族对美的独特追求和创造力。这些手工艺品不仅在当时受到人们的喜爱和珍视,更成为后世研究和传承中华文化的重要载体。

同时,手工艺品的发展也推动了文化艺术的创新。手工艺人在制作手工艺品的过程中不断探索新的技艺和表现形式,这些创新为文化艺术提供了源源不断的灵感和素材。例如,中国古代的绘画、雕塑等艺术形式,就深受手工业技艺的启发和影响。

值得一提的是,手工艺品还承载了丰富的民俗文化和地域特色。不同地区的手工艺品风格各异,反映了当地人民的生活习俗和审美观念。这些手工艺品不仅是早期商品交换的媒介,更是文化交流的重要载体,促进了各地文化的相互了解和借鉴。

3. 社会阶层与文化的互动

社会阶层作为社会经济结构的重要体现,对文化的形成、发展和变迁起着至关重要的作用。在中国古代社会,士农工商的社会结构不仅决定了人们的职业身份,更在一定程度上塑造了各阶层的文化倾向,而社会变革也与文化变革之间存在着千丝万缕的联系。

(1) 士农工商的社会结构与文化倾向

中国古代社会的阶层结构,大致可分为士、农、工、商四个阶层。这一社会结构不仅反映了人们的经济地位和职业分工,更在深层次上影响了各个阶层的文化观念和价值取向。

士阶层,作为古代社会的知识分子和管理者,他们深受儒家文化的熏陶,注重道德修养和文化传承。士人们的文化活动往往围绕着诗文创作、学术研究和政治议论展开,他们的文化倾向体现了对道德、礼仪和智慧的追求。这种文化倾向不仅塑造了士人的精神世界,也对整个社会文化产生了深远的影响。

农阶层,作为古代社会的经济基础——自然经济的参与者,他们的文化观念更多地与土地、自然和家族相关联。农耕文明孕育了中国人勤劳、朴实、顺应天时的品质,也形成了独特的农耕文化和乡村传统。农民的文化活动多围绕节庆、祭祀和民间艺术展开,体现了他们对自然的敬畏和对家族传统的维系。

工阶层,即手工业者,他们用技艺和智慧创造了丰富多彩的手工艺品。他们精益求精、注重细节的工作态度,不仅体现在技艺传承上,也影响了社会的审美观念和文化追求,他们造就的工匠精神,自古以来便备受推崇。

商阶层在古代社会虽地位不高,但他们的经济活动促进了商品的流通和文化的交流。商人们的文化观念倾向务实和开放,他们注重市场信息和商业机会,同时也乐于接受新事物和新观念,这种开放性和包容性在一定程度上推动了文化的多样性和创新性发展。

(2)社会变革与文化创新的关系

社会变革是推动文化创新的重要力量。在中国历史上,每一次重大的社会变革都伴随着文化的繁荣和创新。例如,春秋战国时期的百家争鸣,就是在社会大变革的背景下,各种思想流派争相涌现,形成了丰富多彩的文化景观。这一时期的文化创新不仅推动了社会的进步,也为后世留下了宝贵的文化遗产。

同样，近代以来的社会变革也对文化创新产生了深远的影响。随着西方文化的传入和现代化进程的推进，中国传统文化在与外来文化的碰撞中汲取了新的养分，催生了新文化运动等一系列文化创新实践。这些创新不仅丰富了中华文化的内涵，也使其更加适应时代发展的需求。

社会变革与文化创新之间的关系是辩证的。一方面，社会变革为文化创新提供了土壤和动力；另一方面，文化创新又反过来推动社会的进步和发展。这种互动关系体现了文化与社会的紧密联系和相互影响。

三、中华优秀传统文化的思维方式

中华传统文化深深植根于中华民族悠久的历史长河之中，是民族能动性与创造力的结晶，它全方位地体现了中华民族独特的思维方式。这种思维方式不仅塑造了文化的多样性与深度，还反过来受到文化的影响，共同作用于民族的存在、发展以及文化的持续再创造过程。中华民族的思维方式与传统文化之间存在着密切的互动关系，它们相辅相成、相互促进，同时又相互制约。正因如此，中国传统文化的精华与糟粕，在很大程度上都与中华民族的思维方式息息相关，互为因果。

古韵新声：中华优秀传统文化及其创新发展

（一）中华优秀传统文化的核心思维

概括而言，中华优秀传统文化的核心思维方式特征主要体现在整体性、和谐性、变易性和实践性四个方面。

1. 整体性思维

整体性思维强调事物之间的内在联系和整体性，认为宇宙万物都是一个相互关联、相互作用的有机整体。

（1）天人合一

"天人合一"强调人与自然的和谐统一关系。在《周易》中，"天人合一"的思想得到了充分的阐述："夫大人者，与天地合其德，与日月合其明，与四时合其序。"这表明人应当顺应自然规律，与自然和谐共生。

这种思维方式在中国古代的各个领域中都有着深刻的体现。在农业领域，农民们依据节气观念来安排农事活动，如春种秋收、夏长冬藏，都是对"天人合一"思想的生动实践。他们深知，只有遵循自然的节奏，才能获得丰收的喜悦。在医学领域，阴阳平衡理论是中医的核心思想之一。医生们通过观察自然界的阴阳变化，来诊断和治疗人体的疾病，这体现了人与自然紧密相连、相互影响的观念。在建筑领域，风水学说更是将"天人合一"的思想发挥到了极致。建筑师们在规划和建造房屋时，会充分考虑地形、水流、风向等自然因素，以确保建筑与周围环境的和谐统一。

（2）综合思维

综合思维强调在处理问题时，要全面考虑各种因素，寻求整体的最优解。在中医领域，综合思维体现得尤为突出。中医认为，人体是一个有机整体，各个脏腑、经络、气血之间相互联系、相互影响。因此，在治疗疾病时，中医注重从整体出发，辨证施治，通过调整人体的阴阳平衡、气血流通来达到治疗的目的。同样，在农业和建筑领域，综合思维也得到了充分的体现。农业生产要考虑气候、土壤、种子等多种因素，建筑设计要兼顾结构、功能、美观等多个方面，这些都体现了中华优秀传统文化中整体性思维的特点。

（3）中庸之道

中庸之道强调追求平衡与适度，避免过犹不及。在《论语》中，孔子说："中庸之为德也，其至矣乎！"中庸之道要求人们在处理问题时，必须具备敏锐的洞察力和判断力，以准确把握事物的度，寻求最佳的平衡点。这种思维方式在中华优秀传统文化中有着极为广泛的应用。在人际交往中，中庸之道体现为"和为贵"的原则，倡导人们在处理人际关系时，要注重和谐与和睦，避免冲突与争执，要通过沟通和妥协来达成共识；在治国理政方面，中庸之道则强调稳健持重的政策导向，它要求统治者或管理者在制定和执行政策时，必须兼顾各方利益，保持政策的稳定性和可持续性，避免过于激进或保守的倾向，以确保社会的长治久安；在个人修养层面，中庸之道追求内外兼修的境界，它要求个体在培养道德品质的同时，也要注重知识的积累和技能的提升，实现德智体美劳的全面发展。这种整体性的思维方式,体现了中庸之道所蕴含的全面性和包容性。

2. 和谐性思维

和谐性思维强调事物之间的和谐与协调,追求社会的和谐稳定与个人的心灵宁静。

(1) 和而不同

"和而不同"强调尊重差异、寻求共识。在《论语》中,孔子说:"君子和而不同,小人同而不和。"这表明君子在与人相处时,能够保持自己的立场和观点,同时尊重他人的不同意见,寻求共识。这种思维方式在古代社会治理中得到了广泛的应用,古代的朝议制度就是一个典型的例子。在朝议中,官员们可以就国家大事发表自己的见解,即使意见不合,也会通过讨论和协商来寻求最佳的解决方案。这种制度不仅体现了"和而不同"的社会理念,也确保了政策的科学性和可行性。此外,乡约制度也是"和而不同"思维方式的体现。在乡村社会中,村民们通过共同制定乡约来规范彼此的行为,维护乡村的和谐稳定。在制定乡约的过程中,村民们会充分讨论、协商,尊重每个人的意见,最终制定出符合大多数人利益的乡约。

"和而不同"的思维方式不仅有助于处理人际关系,也有助于处理国与国之间的关系。在国际交往中,各国应该尊重彼此的文化差异和制度差异,以平等和包容的心态进行对话和协商,共同寻求全球问题的解决方案。这种"和而不同"的国际关系理念,有助于推动世界的和平与发展。

(2) 五行相生相克

五行相生相克理论展示了自然界的动态平衡。五行理论认为，自然界的万物都可以归纳为木、火、土、金、水五种基本元素。这五种元素之间相互依存、相互制约，共同维持着自然界的和谐稳定。如《尚书·洪范》所言："五行：一曰水，二曰火，三曰木，四曰金，五曰土。水曰润下，火曰炎上，木曰曲直，金曰从革，土爰稼穑。润下作咸，炎上作苦，曲直作酸，从革作辛，稼穑作甘。"这段文字详细描述了五行的特性和它们之间的相互关系。

五行之间既相生又相克。相生关系指的是一种元素对另一种元素具有滋养和促进的作用。例如，木生火，火生土，土生金，金生水，水生木。这种相生关系体现了自然界中万物之间的相互依存和相互促进。相克关系则指的是一种元素对另一种元素具有制约和抑制的作用。例如，木克土，土克水，水克火，火克金，金克木。这种相克关系体现了自然界中万物之间的相互制约和相互平衡。

通过五行相生相克的关系，自然界维持着一种动态的平衡。当某种元素过盛时，会有另一种元素来制约它；当某种元素不足时，会有另一种元素来滋养它。这种动态的平衡确保了自然界的稳定和有序。在中国古代，五行理论被广泛应用于农业、医学、建筑等领域。例如，在农业领域，农民们会根据五行的相生相克关系来选择种植作物和施肥方式；在医学领域，医生们会根据五行的相生相克关系来诊断和治疗疾病；在建筑领域，建筑师们会根据五行的相生相克关系来选择建筑材料和设计建筑风格。这些都体现了五行相生相克理论在古代中国社会实践中的广泛应用和深远影响。

（3）礼乐文化

礼乐文化强调通过礼乐制度来维护社会秩序与心灵和谐。在古代社会，礼乐制度是社会治理的重要手段之一。通过制定严格的礼仪规范和音乐制度，古代社会得以维持一种有序、和谐的状态。同时，礼乐文化还注重个人修养和心灵和谐。通过学习和实践礼乐，人们可以培养良好的道德品质、提升个人修养，从而达到心灵和谐的状态。如《礼记·乐记》所言："乐者，天地之和也；礼者，天地之序也。和，故百物皆化；序，故群物皆别。"这表明礼乐文化在维护社会秩序和心灵和谐方面发挥着重要作用。

3. 变易性思维

变易性思维强调事物的变化与发展，认为宇宙万物都处于不断的变化之中。这种思维方式在中国古代的阴阳学说、《易经》哲学以及历史观中得到了充分的体现。

（1）阴阳学说

阴阳学说认为宇宙万物都由阴、阳两种基本力量构成，这两种力量相互依存、相互转化，推动着事物的变化与发展。如《周易·系辞上》所言："一阴一阳之谓道。"阴阳的相互转换是事物发展的内在动力，它解释了自然界和人类社会中各种现象的产生和变化。在古代医学、农业、天文等领域，阴阳学说都被广泛应用，用以解释和指导实践。例如，中医理论中的阴阳平衡就是基于阴阳学说的重要原理,它认为人体的健康状态取决于阴阳两种力量的平衡与协调。

(2)《易经》哲学

《易经》是中国古代的一部重要经典,它蕴含了丰富的变易思想。《易经》哲学认为,宇宙万物都处于不断的变化之中,而这种变化是有规律可循的。通过研究和掌握这些规律,人们可以更好地应对生活中的各种挑战和变化。《易经》中的六十四卦和三百八十四爻,就是用来描述和解释宇宙万物变化规律的符号系统。这些卦爻的变化不仅反映了自然界的变化规律,也蕴含着深刻的人生智慧。如《周易·系辞下》所言:"穷则变,变则通,通则久。"这句话揭示了变化对于事物发展和人生进步的重要性。在古代社会,《易经》被广泛应用于占卜、决策、修身养性等方面,成为古代中国人应对变化、追求智慧的重要工具。

(3)历史循环与革新

中国历史观中蕴含着丰富的变易思想,其中历史循环与革新的观念尤为突出。古代中国人认为,历史是不断循环往复的,每一个朝代都会经历兴衰更替的过程。然而,在这种循环之中,也蕴含着革新和进步的可能性。如《周易·革卦》所言:"大人虎变,未占有孚。"这句话表达了变革时期领导者应具备的勇气和决心。在古代社会,每当朝代更迭或社会动荡之时,都会出现一批思想家和改革者,他们提出新的思想和制度,推动社会的变革和进步。同时,中国历史观也强调对历史的继承和借鉴,认为过去的经验和智慧可以为当下和未来提供有益的启示。这种历史循环与革新的观念,既体现了变易性思维的特点,也展现了中华优秀传统文化中变革与继承的辩证统一。

4. 实践性思维

实践性思维强调理论知识与实践行动的统一,注重在实践中不断锤炼和提升自己的能力。这种思维方式在中国古代的知行合一、工匠精神和经世致用等理念中得到了充分的体现。

(1)知行合一

"知行合一"强调理论知识与实践行动的统一。《尚书·说命中》言:"非知之艰,行之惟艰。"这句话表达了实践行动的重要性和困难性。在古代中国,"知行合一"被视为修身齐家治国平天下的重要原则。古代士人注重将所学的理论知识应用于实际生活中,通过实践来检验和提升自己的知识和能力。这种"知行合一"的理念,不仅促进了中国古代社会的发展和进步,也为后世留下了宝贵的思想遗产。

(2)工匠精神

工匠精神是中国古代社会的一种重要传统美德,它体现了工匠们对工作的热爱、对技艺的追求以及对实践能力的不断锤炼。在古代中国,工匠们注重精益求精、不断创新,他们在实践中不断锤炼自己的技艺和能力,创造出了许多精美的工艺品和伟大的工程。《考工记》言:"知者创物,巧者述之守之,世谓之工。"这句话表现了工匠们对技艺的追求和对实践的坚守。工匠精神不仅体现了古代中国人的实践智慧和创新精神,也为后世留下了许多宝贵的文化遗产和技艺。

（3）经世致用

经世致用强调学问应该服务于社会实际，要为国家的治理和社会的进步做出贡献。《礼记·大学》言："物有本末，事有终始，知所先后，则近道矣。"这句话表达了学问应该注重实际、注重应用的思想。在中国古代，许多学者都注重将所学的理论知识应用于实际生活，通过实践来检验和提升自己的知识和能力。他们关注社会现实、关注国家大事，为治理国家和促进社会的进步提出了许多有益的建议和方案。这种经世致用的传统，不仅促进了古代中国社会的发展和进步，也为后世留下了宝贵的思想遗产和实践经验。

（二）中华优秀传统文化思维的当代价值

中华优秀传统文化，作为华夏文明的瑰宝，其深邃的思维方式和哲学理念，不仅塑造了古代中国的社会风貌和人的精神特质，而且在当代社会依然具有不可替代的价值。以下将从个人修养与自我提升、社会治理与创新、跨文化交流与理解、可持续发展四个方面，深入探讨中华优秀传统文化思维的当代意义与实践路径。

1. 个人修养与自我提升

中华优秀传统文化思维，尤其是儒家思想，深刻地阐述了"修身齐家治国平天下"的修行路径，将个人修养视为成就一切事业不可或缺的基石。在当代社会，人们面临着快节奏的生活和复杂多变的人际关系网，学习并实践传统文化中的"中庸之道""仁爱之心"

等核心理念，不仅能够促进个人的心理健康，还能够引导道德层面的成长与升华。例如，深入学习和实践"己所不欲，勿施于人"的黄金法则，个体可以逐步培养出强烈的同理心，从而优化人际间的互动模式，减少冲突与误解。同时，"天行健，君子以自强不息"的宏伟精神，不断激励着现代人追求自我完善与卓越，在面对生活与工作中的各种挑战时，能够保持坚韧不拔、勇往直前的态度。

此外，道家的"无为而治"思想，并非倡导无所作为，而是强调顺应自然规律，以柔克刚，达到内心的平和与外界的和谐。这一理念教导现代人学会适时放手，不过分强求，从而在纷扰的世事中找到内心的宁静与平衡。

2. 社会治理与创新

在社会治理层面，中华优秀传统文化思维提供了丰富的智慧资源。儒家的"仁政"思想，强调统治者应以民众福祉为重，这一理念在现代管理中体现为以人为本的管理哲学，指导政策制定者要关注社会公平与民众需求。同时，"和而不同"的社会和谐观，为多元文化共存与社会融合提供了理论支撑，促进社会的包容性与稳定性。在创新方面，古代中国的"变法"思想，鼓励适时变革以适应社会发展，这对于当前政策制定中的灵活性与前瞻性具有启示意义。通过融合传统智慧与现代治理理念，可以探索出更加符合中国国情的社会治理模式，推动社会的持续进步。

3. 跨文化交流与理解

在全球化的背景下，中华优秀传统文化的思维方式在促进国际对话与合作中扮演着重要角色。儒家的"礼之用，和为贵"思想，强调以礼相待、和谐共处，为国际交往提供了基本的伦理框架。通过分享中华传统文化的"天人合一""中和"等哲学观念，增进不同文化间的理解和尊重，促进全球伦理的构建。同时，中国的书法、茶艺、中医等文化载体，作为跨文化交流的桥梁，不仅展示了中华文化的独特魅力，也促进了世界文化的多样性发展与共同繁荣。

4. 促进经济可持续发展

面对全球性的环境危机与经济发展挑战，中华优秀传统文化思维提供了科学的指导原则。道家的"顺应自然"思想，倡导人与自然和谐共生，为现代环境保护提供了哲学基础，强调在经济发展中应遵循生态规律，实现绿色发展。儒家的"节用爱人"理念，则鼓励节约资源、关爱生命，这对于推动可持续消费模式和促进社会公平具有现实意义。在实践中，结合传统智慧与现代科技，如运用古代农耕智慧发展生态农业，或借鉴"天人合一"思想规划城市绿色发展，都是实现可持续发展目标的有效途径。总之，中华优秀传统文化思维为解决当代环境问题、促进经济社会的长期健康发展提供了宝贵的思想资源和行动指南。

四、中华优秀传统文化的功能特征

（一）中华优秀传统文化的功能体现

1. 构建与整合功能

宏观安排社会整体秩序，需要借助文化展开制度及价值观念设计，使得社会成员朝着预期方向及设定路径推进，从而确保个人、社会及国家三者处于和谐状态，并推动国家实现社会性及阶段性的良性发展。以主流价值观和思想为主，既要整合各民族不同文化价值及思想，又要整合每个历史阶段中各种价值观及主流文化，从而逐渐形成一个统一的有机融合文化体系。

历经千年的中华传统文化，在不断孕育、形成及发展中，已经处于一个多元化格局。在一个区域内，优秀传统文化的创作过程离不开多个民族、地区中劳动人民的劳作成果，这种多样性造成文化多元性。多元性的文化有多种类型划分方式，民间文化、精英文化是依据不同文化阶层而划分的；官方文化、大众文化是依据文化在社会中的产生、流行以及受众群体的不同而划分的；主流文化、非主流文化则是依据文化地位而划分的；西域文化、江浙文化、中原文化等是依据文化地域而划分的；儒、释、道等则是依据文化流派而划分的。以上各种文化类型均是在数千年传统文化发展过程中出现的类型，彼此相辅相成，最终汇聚成如今辉煌灿烂的传统文化。

循着中华传统文化发展轨迹，可将文化发展分为三个过程：①夏商时期，整合东夷和苗蛮文化；②两周时期，以"礼"为核心并与其他各派文化互相融合；③秦汉至清末时期，以"外儒里法"为主，实现学术统一、价值整合，尤其是秦汉时期文化，是中华传统文化格局基本定型的标志。[1] 各种类型的文化单元在整个传统文化演进历程中，为了维系封建社会秩序，在农耕经济宗法制文化基因基础上，深度整合各区域、民族和派别的文化社会心理基础，这一特点在夏商到西周历史进程中得到定型。直到春秋战国时期，诸子百家兴起。当时，创造文化的目的是"救时之弊"，"百家争鸣"的文化盛事便趁机引起轰动。到秦统一六国，国家逐渐实施文化及经济制度方面的统一政策，实现"车同轨""书同文""行同伦"。到汉代，确立了儒家的独尊地位，汉武帝及董仲舒提出"罢黜百家"，将儒学奉为正统的思想，集合百家理论学说，以此将儒家文化确立为主流价值观。中华传统文化在其发展过程中，在保持原有文化个性的同时，体现出中华民族文化共性，使得各文化单元处于相互整合、相互包容、相互渗透、相互影响的关系中，塑造了中华优秀传统文化宽容、广博、务实的整体面貌。

2. 认同与归属功能

文化认同是民族共同体繁衍不息的精神根本，是民族全体成员共同的心理基因。文化认同的关键因素是价值本源、心理意识等，这说明增强整个民族凝聚力的关键因素是认同优秀传统文化。得出以上结论的主要原因在于全民族共同的社会记忆，需要通过价值整

---

[1] 董成雄. 中国优秀传统文化的系统解读和传承建构 [D]. 泉州：华侨大学，2016：16-20.

合、过滤及心理认同形成，构成民族认同感和凝聚力的核心要素便是传统文化。

在长期历史演变历程中，通过人们不断传承积累，民族心理和社会记忆得以延续，最终形成相对稳定的发展模式。价值内核与思想观念相较于制度、礼仪、风俗、习惯等浅层文化，更具有内隐潜存、稳定少变的特点。这些文化观念已经深入各民族人民的思想中，在每个人心里烙下不可磨灭的印记。而外界刺激会激发这种情感，使得群体之间更为团结，从而推进中华优秀传统文化发展。

3. 熏陶与培育功能

在古代社会中，传统文化对人的精神起到熏陶、教化等作用，让主流价值观更具社会性，使得社会生活符合人情义理，使得个人与国家保持同步，从而实现人的心灵塑造、家国和谐和社会稳定。在传统文化中，与教育相关的论断比比皆是。关于教育目的及作用，孟子从"性善论""施仁政"两个方面进行强调。其中，"得民心"是孟子赋予教育的作用，并将其作为教育的有效措施。

关于"重德"的教育传统，则是由扬雄继承和发扬。在他的论断中，君子学习的目的是"道德修养"，所谓"学者，所以求为君子也"。韩愈重视儒家道统教育，提出"明先王之教"的观点，推崇学习伦理道德、儒家经典，其持有的教育目的是"仁义道德"，提出"明乎人伦，本乎人生"，强调做人的根本是伦理道德。到北宋年间，将伦理道德放置于教育首位的是著名文学家、教育家张载，他强调教育应以"明善为本",并明确提出"德薄者终学不成"的观点。

中华优秀传统文化的一个重要功能体现在以"明人伦"为主体的教育思想上,可见自古以来人们对道德教育的重视,也因此不同时期的人们都会受到德育思想的影响。在世界文化中,中华民族的道德伦理已成为一道独特风景线。人们在传承优秀传统文化过程中,应该重视道德教育思想观念,并将其不断传承及延续。对于从事教育工作的人,应当将塑造健全人格作为根本任务,从自身做起,消除"人师"与"经师"、教育与教学之间隔阂,统一教育、美育及体育,使其回归教育根本。比如,教师在教学过程中,应当融合传统的文化教育活动,帮助学生认识图像之美,欣赏数学简洁之美,而非只看成绩,忽略品德教育。

实现素质教育行之有效的方式是将传统文化教育的教育性功能渗透至每个教学活动环节。这一目标的实现,需要解决两个问题:一是在现实工作及实践中引入理论学习及道德思考;二是教师自身要实现"经学"与"人学"相统一。

4. 个体性功能

中华优秀文化实际影响教育对象个体发展的主要因素是传统文化教育个体性功能,该功能在发挥作用时,需要借助"个体生存功能、个体发展功能、个体享用功能"三个社会功能实现。

第一,个体生存功能。虽然约束个体异己的因素主要是道德规范、原则及观念,但是这些因素能够确保个体适应社会性生活,并确保个体得到更好发展。此外，正是得益于以上因素的社会性，个体便通过社会给予的力量，拥有更为强大的生存能力，从而实现人生目标。

第二，个体发展功能。个体品德结构的发展，通过静动功能加以促进，而后形成个体人格。但需要注意的是社会理性需要通过必要规范学习和价值学习完成，并对道德学习个体的主体性给予充分尊重。

第三，个体享用功能。个体通过传统文化教育满足其精神需要，使其把奉献作为获得人生幸福的方式之一，以此提升个人的人生价值，获得身心的愉悦。

5. 传承与创新功能

纵观整个人类发展史，无论哪一个国家，不论其在哪个历史时期，全部是以先辈所创造的物质和精神财富为基础得以发展的。各个时期的思想家在对传统文化精华进行探索的过程中，都在寻找当代文化与传统文化在内容方面的共通之处，他们从先贤的思想世界中挖掘出普遍适应价值内容，以此架构当前时期需要的思想体系。所以，中华传统文化在不断继承和创新中，表现出强大的社会整合力及生命力。人们需在促进文化发展的过程中，要做好民族文化传承工作，使得民族文化的价值本源和文化根基得到巩固。同时，在传承中不断注入创新元素，使得传统文化绽放新的光芒。

（二）中华优秀传统文化的特征表现

1. 统一性与多样性

区别于西方文化追求个性的特征，中华传统文化表现出一定的统一性，这种统一性在汉武帝推行"罢黜百家，独尊儒术"政策后达到极致，除此之外，中华传统文化还表现出多样性的特点。这种统一性与多样性具体体现在以下三方面：

第一，中华传统文化内容的统一性和多样化。中华传统文化内容涉及经济、文化、社会等多个领域，同时也包含对自然万物的探讨。中华传统文化博大精深、源远流长，其精髓是全世界的共同财富，其存在的合理性不容置疑，这也是中华传统文化文明和精神的集中体现。

第二，中华传统文化学术派别的统一性和多样化。春秋战国时期出现了"百家争鸣"现象，不同学派不断涌现，最具代表性的有儒家、墨家、道家、法家，此外阴阳家、兵家以及名家等也属于诸子百家。在长期的发展过程中，各学派之间相互融合、相互衍化，到汉武帝时期，随着社会局面的变动，中华传统文化最终形成了以儒家为主导、多家学说并存互补的局面。

第三，中华传统文化价值层面的统一性和多样化。哲学、宗教、文学艺术以及道德伦理等方面的思想都是中华传统文化中人文价值的集中体现，这些思想涉及多领域的探讨，因此不能仅从单一的领域来分析中华传统文化的价值内涵。正确理解中华传统文化的特点，要多层次、多方面挖掘中华传统文化的当代意义，并为传承和弘扬中国优秀文化贡献自身的力量。

2. 连续性与变革性

从中华文明发展历史进程中可以看出，中华传统文化是全世界唯一具有连续性发展特征的文化类型。从远古时期、夏商周时期、春秋战国时期等社会变革的不同阶段都可以看到中华传统文化的发展和变革，特别是在春秋战国时期，各学派不断涌现，出现了争芳斗艳的局面，这个时期的文化思想奠定了整个封建时代的文化基础，形成了中华传统文化的基本精神，这对中国古代文化有着非常深刻的影响。在漫长的发展和积淀过程中，中华传统文化的生命延续力和时光穿透力是世界史上绝无仅有的。

除此之外，中华传统文化还具有变革性，中华传统文化的发展特点是在传统的基础上不断变革创新，因此传统文化中的"传统"区别于"守旧"，人们应正确理解这一概念，并在研究中不断发掘中华传统文化的现代意义，为传承中华优秀传统文化服务。

3. 独立性与融通性

独立性是中华传统文化的一大特色。中华传统文化作为一种本土文化，不仅在语言、制度、文学等方面形成了自己独特的体系，同时在医学、戏曲、书画等多个领域也呈现出自己独特的民族气质，汉字语义和语音体系的创建使国人拥有了自己的沟通和交流方式，典章制度、礼仪民俗的形成为华夏民族的形象建立奠定了基础，这些各具特色、各领风骚的艺术都彰显了中华传统文化的独有魅力。

中华传统文化在其发展过程中,并不是闭门造车,而是吸取外来文化的精髓,并将其本土化之后作为本民族文化的一部分,这体现了中华传统文化的融通性。融通性并不是一味地吸纳外来文化,而是在保持中华文化主体性的基础上,选择性地吸收外来文化的优秀内容,不断地为中华传统文化的发展注入活力。

第二章 中华优秀传统文化的深厚根基

一、古代哲学思想

(一)中国古代诸子百家思想概况

1. 诸子百家的定义及兴起

"诸子百家"是对中国古代春秋战国时期各种学术派别和思想流派的总称,这一称谓蕴含着丰富的历史文化内涵。"诸子"指的是这一时期的诸多思想家、学者,如孔子、老子等,他们各自创立了不同的学派,提出了独特的学术观点和思想体系;"百家"则形象地描绘了这一时期思想文化的多元和繁荣,虽然实际上并非确有一百家,但以此来形容学派之多、思想之丰富。这一历史时期,周王朝的统治逐渐衰微,诸侯国之间频繁争战,社会处于剧烈的动荡之中。然而,正是这种政治上的不稳定,为思想的自由发展提供了土壤。各诸侯国为了富国强兵,纷纷招贤纳士,思想家们因此有了施展才华的舞台,他们的思想、学说也因此得以广泛传播。

诸子百家的兴起,有着深刻的社会背景和多方面的原因。首先,春秋战国时期的政治动荡为思想的多元化提供了可能。周王朝的衰落和诸侯国的崛起,打破了原有的政治秩序,使得社会结构发生了深刻的变化。这种变化为不同的思想流派提供了发展的空间,思想家们纷纷提出自己的政治主张，试图为社会的重建提供理论支持。其次，经济变革也是诸子百家兴起的重要原因。随着铁器的广泛使用和农业生产技术的提高，社会经济得到了显著的发展。经济的繁荣促进了社会的分化，不同的社会阶层和利益集团开始形成，他们有着不同的诉求和主张。思想家们正是基于这些不同的社会现实，提出了各自的思想观点，试图为解决社会问题提供方案。最后，文化下移也是诸子百家兴起不可忽视的因素。随着周王朝的衰落，原本由贵族垄断的文化知识开始向下层社会扩散，这使得更多的人有机会接触到文化知识，进而参与到思想的创造和传播中来。文化的普及和大众化，为诸子百家的兴起提供了广泛的社会基础。

2. 诸子百家的学派

在中国古代思想文化的璀璨星河中，诸子百家以其独特的学术体系和深邃的思想内涵，构筑了中华文化的思想根基。下面将概括诸子百家的主要流派及其代表人物，并探讨其思想精髓及其对中国古代乃至现代社会的影响。

诸子百家的主要流派及其代表人物如下：

（1）儒家思想

儒家思想，作为中国古代主流意识形态，其影响深远，历久弥新。儒家学说以"仁"为核心，倡导"礼"与"中庸之道"，形成了一套完整的社会伦理与政治哲学体系。

孔子，主张仁、礼、中庸之道。他是儒家学派之鼻祖，其思想体系以"仁"为基石,强调人与人之间的关爱与和谐。孔子认为,"仁"即"爱人",是实现社会秩序与道德完善的根本。同时,他提倡"礼",认为礼制是维护社会秩序、规范人际关系的必要手段。孔子的"中庸之道"则是一种处世哲学,主张在矛盾与冲突中寻找平衡点,以达到和谐之境。

孟子,主张性善论、仁政、民贵君轻。他继承并发展了孔子的思想,提出"性善论",认为人性本善,通过教化可使人性之善得以彰显。在政治上,孟子主张"仁政",强调君主应以仁爱之心治理国家,关注民生,实现社会公正。他的"民贵君轻"思想,更是将民众的地位提升至国家政治的核心,体现了浓厚的民本思想。

荀子,主张性恶论、礼法并重、君舟民水。他持"性恶论",认为人性本恶,需要通过礼法的约束来矫正。他主张"礼法并重",认为礼是道德的规范,法是秩序的保障,二者相辅相成。荀子的"君舟民水"论,形象地阐述了君主与民众的关系,强调君主应顺应民意,否则将如舟覆水,国家危亡。

儒家思想对中国古代社会的影响是全方位的,它不仅塑造了古代中国的政治理念、社会结构,还深刻影响了教育、文化、伦理等领域。在现代社会,儒家思想依然具有重要价值,其强调的仁爱、礼制、和谐等理念,对于构建和谐社会、推动人类文明进步具有积极意义。

(2)道家思想

道家思想,以其深邃的哲学智慧和独特的宇宙观,为中国古代思想文化增添了浓墨重彩的一笔。道家学说以"道"为核心,倡导自然无为,追求心灵的自由与超越。

老子,主张道法自然、无为而治、小国寡民。他是道家学派的创始人,其思想精髓在于"道法自然"。他认为,"道"是宇宙万物之根源,万物应遵循"道"之规律,自然而生,自然而灭。在政治上,老子主张"无为而治",认为最好的治理是让事物按照其自然规律发展,不加以人为干预。他理想中的社会是"小国寡民",人们过着简单朴素、与世无争的生活。

庄子,齐物论、逍遥游、顺应自然。他进一步发展了老子的思想,提出"齐物论",认为万物在本质上并无区别,都是"道"的体现。他的"逍遥游"象征着心灵的自由与超脱,倡导人们摆脱世俗的束缚,追求精神上的绝对自由。庄子强调顺应自然,认为人应与自然和谐共生,达到"天人合一"的境界。

道家思想在哲学、艺术、政治领域均有体现。道家思想在哲学领域开创了独特的宇宙观和人生观,对中国古代哲学的发展产生了深远影响;在艺术领域,道家思想强调自然之美、简约之美,对中国古代书画、园林等艺术形式产生了重要影响;在政治领域,道家思想为古代中国的政治实践提供了另一种思路,其无为而治的理念在某些历史时期得到了实践。

(3)墨家思想

墨家思想以其独特的"兼爱非攻"理念和实用化的科技成就,在中国古代思想文化中独树一帜。墨家学说强调普遍的爱与和平,倡导社会公正与实用主义。

墨子，墨家学派之创立者，其思想核心为"兼爱非攻"。他认为，人们应普遍相爱，消除亲疏贵贱的差别，以实现社会的和谐与平等。在政治上，墨子主张"尚贤尚同"，认为选拔贤能之士治理国家是实现社会公正的关键。他还倡导"节用节葬"，反对铺张浪费，主张节俭以养民力。

墨家在科技领域也取得了显著成就，在物理学、数学等方面的研究都达到了当时的先进水平。此外，墨家还发展了一套独特的逻辑思想，包括定义、判断、推理等基本概念和原理，为中国古代逻辑学的发展做出了重要贡献。

墨家思想具有强烈的社会改革意义，它倡导兼爱非攻、尚贤尚同，旨在打破旧有的社会秩序，建立更加公正合理的社会制度。然而，墨家思想的局限性也不容忽视。其兼爱理念过于理想化，难以在现实中完全实现；其尚贤主张也缺乏具体的制度保障，难以有效实施。此外，墨家思想在后世的影响逐渐减弱，未能像儒家、道家那样形成持久的文化传统。

（4）法家思想

法家思想，以其强调变法图强、重农抑商、严刑峻法的核心理念，为中国古代社会的政治变革和法制建设提供了重要的理论支撑。

商鞅，作为法家思想的杰出代表，他在秦国的变法实践，不仅推动了社会经济的快速发展，更为秦国统一六国奠定了坚实的基础。商鞅主张变法图强，认为只有不断改革，才能使国家强盛。他提出的重农抑商政策,旨在保护农业生产,限制商业发展,以确保国家的经济基础稳固。同时,商鞅还主张严刑峻法,认为严厉的法制是维护社会秩序和确保国家稳定的必要手段。

韩非子则进一步发展了法家思想,他提出了法治、术治、势治相结合的治国理念。法治,即强调法律的权威性和普遍适用性;术治,则是指运用权谋和手段来治理国家;势治,则是借助君主的权势和地位来推行政策。韩非子的这一理念,为秦国的统一六国提供了重要的理论指导。

法家思想对秦统一六国及后世法制建设的影响是深远的。在秦国的统一过程中,法家思想提供了重要的思想武器和理论支撑;其法制观念、变法精神等,对后世的法制建设产生了重要的影响。

(5)兵家思想

兵家思想,以其独特的战略战术和深厚的军事理论,为中国古代军事实践提供了重要的指导,同时也对后世的军事理论与实践产生了深远的影响。

孙武,作为兵家思想的奠基人,他的《孙子兵法》至今仍被奉为军事学的经典。在《孙子兵法》中,孙武提出了"知己知彼,百战不殆"的军事原则,强调了战争中的智谋和策略的重要性。他还提出了"上兵伐谋"的军事策略,认为最好的战争方式是运用智谋来战胜敌人,而不是通过武力。

孙膑则进一步发展了兵家思想。他提出了兵势、虚实、奇正等军事策略,强调了战争中灵活多变的重要性。他认为,战争的胜负不仅取决于武力的大小，更取决于军事策略的巧妙运用与否。

兵家思想对军事理论与实践的贡献是巨大的。在古代，兵家思想为各国的军事实践提供了重要的理论指导，推动了古代军事技术的发展和战争方式的变革。而在后世，兵家思想中的军事原则、战略战术等，都对现代的军事理论与实践产生了重要的影响。

（6）阴阳家与五行家

阴阳家与五行家，以其独特的宇宙观和哲学思想，对中国古代的天文历法、占卜术数以及医学、农业等领域产生了深远的影响。

阴阳五行理论的起源，可以追溯到中国古代的原始宗教和哲学思想。阴阳家认为，宇宙万物都是由阴阳两种基本力量所构成，而这两种力量的相互作用和转化，则是宇宙万物运动变化的根本原因。五行家则进一步将宇宙万物归纳为五种基本元素：金、木、水、火、土，并认为这五种元素之间的相互作用和转化，是宇宙万物运动变化的另一重要原因。

阴阳家对天文历法、占卜术数的影响是深远的。他们认为，天文现象是阴阳两种力量相互作用的结果，因此可以通过观察天文现象来预测未来的吉凶祸福。这种思想推动了古代天文历法的发展，并形成了独特的占卜术数体系。

五行说在医学、农业等领域的应用也是广泛的。在医学领域，五行说被用来解释人体的生理结构和疾病的发生原因，并形成了独特的中医理论体系。在农业领域，五行说被用来指导农作物的种植和收割，以及农业灾害的预测和防治。

(7) 名家与纵横家

名家与纵横家，分别以其独特的名实之辨和外交智慧，对中国古代的逻辑学和外交策略产生了重要的影响。

名家以其对名实关系的深入探究而著称。他们认为，名称和实在之间的关系是复杂的，有时候名称并不能准确地反映实在。因此，名家强调对名称和实在进行深入的辨析，以揭示它们之间的真实关系。这种思想推动了古代逻辑学的发展，并对后世的逻辑学研究产生了重要的影响。

纵横家则以其独特的合纵连横策略和外交智慧而著称。他们认为，各国之间的利益关系是复杂的，有时候需要通过联合一些国家来对抗另一些国家，以维护自身的利益。因此，纵横家强调运用智谋和策略来处理国际关系，以实现国家的最大利益。这种思想对后世的外交策略产生了重要的影响。

名家与纵横家的思想对后世的影响是深远的。在逻辑学领域，名家的名实之辨推动了古代逻辑学的发展，并对后世的逻辑学研究产生了重要的影响。在外交策略领域，纵横家的合纵连横策略和外交智慧被后世的外交家所借鉴和运用，成为处理国际关系的重要手段。

(8) 农家与杂家

农家与杂家，分别以其独特的重农思想和兼容并蓄的学术风格，对中国古代的社会生产和文化融合产生了重要的影响。

农家以其重农思想而著称。他们认为，农业是国家的根本，只有发展农业才能使国家强盛。因此,农家强调保护农业生产,提倡农耕文化,并形成了独特的农业技术体系。这种思想推动了古代农业的发展,并对后世的农业生产和农村文化产生了重要的影响。

杂家则以其兼容并蓄的学术风格而著称。他们认为,各家学说都有其独特的优点和局限性,因此应该兼收并蓄,综合创新。这种思想推动了古代学术文化的融合和发展,并形成了独特的杂家学派。杂家的学术风格对后世的文化融合和学术创新产生了重要的影响。

农家与杂家的思想在促进社会生产与文化融合中的作用是巨大的。在农业领域,农家的重农思想和农业技术推动了古代农业的发展,提高了农业生产效率,为社会的稳定和发展提供了重要的物质基础。在文化领域,杂家的兼容并蓄和综合创新推动了古代学术文化的融合和发展,形成了独特的中华文化体系,对后世的文化传承和创新产生了重要的影响。

3. 诸子百家思想的交流与融合

在中国古代思想史上,春秋战国时期的"百家争鸣"无疑是一段璀璨夺目的篇章。这一时期,社会处于急剧变革之中,各种思想流派纷纷涌现,形成了思想交锋、学术争鸣的繁荣景象。诸子百家之间的交流与融合,不仅推动了当时学术文化的繁荣,更为后世思想的发展奠定了坚实基础。

(1) 百家争鸣的历史场景与意义

春秋战国时期,周王室衰微,诸侯士大夫崛起,社会政治经济结构发生深刻变革。这一历史背景为诸子百家的产生提供了土壤。士阶层活跃于政治舞台，他们代表不同的利益集团，提出各自的政治主张和哲学观点，形成了"百家争鸣"的局面。

百家争鸣主要体现为各学派在学术领域的广泛探讨和激烈争论。儒家强调仁义礼智，主张以德治国；墨家倡导兼爱非攻，注重实用主义；道家则主张道法自然，追求无为而治；法家则强调法治，重视国家机器的权威。这些思想流派之间既有激烈的辩论，也有相互之间的吸收和融合。

百家争鸣的意义在于，它推动了古代中国学术文化的繁荣和发展。各种思想流派的交锋，促进了学术的深入探讨和理论的不断完善。同时，百家争鸣也为后世思想的发展提供了丰富的资源和多元的视角。它使得中国古代思想在多元化中保持统一，在交流中不断发展。

（2）诸子思想间的相互影响与借鉴

在百家争鸣的过程中，诸子思想间并非孤立存在，而是相互影响、相互借鉴。这种影响与借鉴，既体现在思想内容的融合上，也体现在学术方法的创新上。

儒家思想在形成和发展过程中，吸收了其他思想流派的精髓。例如，儒家在治国理念上借鉴了法家的法治思想，提出了"礼法并施"的主张。这种跨学派的借鉴，使得儒家思想更加丰富和全面。

道家思想同样在与其他思想流派的交流中得到了发展。道家的"无为而治"思想，在某种程度上是对儒家"有为而治"的一种反思和补充。同时，道家在哲学层面对宇宙、人生等问题的探讨，也深受其他思想流派的影响，形成了独特的哲学体系。

墨家、法家等其他思想流派也在相互交流和借鉴中不断完善自身。墨家的实用主义思想，在与其他思想流派的交锋中逐渐明确了自己的定位和特色。法家的法治思想，在吸收其他思想流派的基础上，形成了独特的国家治理理念。

诸子思想间的相互影响与借鉴，推动了古代中国学术文化的多元化发展。这种跨学派的交流和创新，使得中国古代思想在多样性中保持了统一性和包容性。

（3）秦汉以后诸子思想的融合与儒家独尊地位的形成

秦汉以后，随着社会政治环境的变迁和学术文化的整合，诸子思想逐渐走向融合。这一融合过程，既体现在思想内容的相互渗透上，也体现在学术体系的重构上。

在思想内容的融合方面，儒家思想逐渐吸收了其他思想流派的精髓，形成了更加全面和系统的理论体系。例如，儒家在强调仁义礼智的同时，也借鉴了道家的自然观和墨家的实用主义思想。这种融合使得儒家思想在内容上更加丰富和多元。

在学术体系的重构方面，秦汉以后的学者在整理和总结先秦学术成果的基础上，逐渐形成了新的学术体系。这一体系以儒家思想为核心，同时兼容并蓄其他思想流派的精髓。例如，《汉书·艺文志》将学术分为六艺、诸子、诗赋等类别，其中诸子部分就包含了儒家、道家、墨家、法家等多个思想流派的内容。

在这一融合过程中，儒家思想逐渐确立了其独尊地位。这一地位的形成，既与儒家思想本身的内涵和价值有关，也与当时社会政治环境的需求有关。儒家思想强调的仁义礼智、德治主义等理念，符合当时社会对于稳定秩序和道德重建的需求。因此，儒家思想在秦汉以后逐渐成为官方的主流意识形态。

然而，儒家独尊地位的形成并不意味着其他思想流派的消失或边缘化。相反，在儒家思想的主导下，其他思想流派仍然保持着一定的活力和影响力。例如，道家思想在魏晋南北朝时期得到了新的发展，形成了玄学等新的学术流派；墨家思想在民间仍然有着广泛的传播和影响。

综上所述，秦汉以后诸子思想的融合与儒家独尊地位的形成是一个复杂而多元的过程。这一过程既体现了学术文化的整合和发展，也体现了思想流派的多样性和包容性。在这一过程中，儒家思想逐渐成为中国古代思想的主流和代表，但其他思想流派仍然保持着其独特的价值和影响力。这种多元一体的思想格局，为中国古代文化的繁荣和发展提供了重要的支撑和动力。

（二）诸子百家思想的现代启示

诸子百家思想，作为中国古代智慧的瑰宝，不仅深刻影响了历史的发展进程，而且在现代社会依然具有不可忽视的启示价值。通过对诸子百家思想的深入研究，我们可以从中汲取宝贵的智慧，为解决现代社会治理、个人修养与道德建设，以及在全球化背景下的跨文化传播与价值认同等问题提供有益的参考。

1. 对现代社会治理的启示

在现代社会治理中，诸子百家思想中的仁政与法治理念具有深远的启示意义。儒家思想强调仁政，主张以仁爱之心治理国家，关注民生福祉，倡导德治与礼治相结合。这一思想在现代社会治理中可以转化为以人为本的治理理念，强调政府应关注民众的需求和利益，通过制定和实施惠民政策，实现社会的和谐与稳定。同时，儒家思想中的礼乐教化观念对于现代社会治理也具有重要意义，它强调通过道德教育和文化熏陶来提升公民素质，从而形成良好的社会风气。

与儒家思想相辅相成的法家思想，则主张以法治国，强调法律的权威性和公正性。在现代社会治理中，法治是维护社会秩序和公平正义的重要基石。法家思想提醒我们，法律的制定和执行应当严格公正，不受个人情感和私利的影响，以确保社会的公平与正义。同时，法家思想中的重刑重罚理念也可以在现代社会治理中得到借鉴，对于严重违法犯罪行为应当予以严厉的法律制裁，以维护社会的安全和稳定。

将儒家的仁政与法家的法治相结合，可以构建出一个既注重人文关怀又强调法律约束的现代社会治理模式。这样的治理模式既能够保障民众的基本权利和利益，又能够维护社会的秩序和稳定，最终实现社会的和谐发展。

2. 对个人修养与道德建设的意义

在个人修养与道德建设方面，诸子百家思想同样提供了丰富的思想资源。儒家思想的中庸之道强调个体应在言行举止中保持适度与平衡，追求内在品质与外在表现的和谐统一。这一思想对于现代人的个人修养具有重要的指导意义，它提醒我们要在复杂多变的社会环境中保持冷静与理性，不偏不倚地处理各种关系，实现个人的全面发展。

墨家的兼爱思想则主张无差别地爱所有人，强调人与人之间的平等与互助。在现代社会中，这一思想可以转化为尊重他人、关心他人、帮助他人的行为准则，以促进人际关系的和谐与社会的团结。兼爱思想鼓励我们在日常生活中培养爱心和同情心，关注弱势群体的需求，积极参与社会公益活动，为实现社会的共同富裕和和谐进步贡献力量。

道家思想的自然无为、顺应自然的理念也对个人修养具有启示意义。它提醒我们要尊重自然规律，保持内心的平和与宁静，避免过度追求物质利益和外在成功而忽略内心的真实需求。通过道家思想的熏陶，我们可以学会在忙碌的生活中寻找内心的平静与满足，实现身心的健康。

3. 诸子思想的跨文化传播与价值

在全球化背景下，诸子百家思想的跨文化传播与价值认同显得尤为重要。随着国际交流的日益频繁和全球问题的日益凸显，各国之间的文化对话与合作变得尤为迫切。诸子百家思想作为中国古代思想文化的代表，具有独特的文化魅力和普世价值，可以为全球治理和文化交流提供有益的借鉴。

儒家思想中的仁爱、礼治、中庸等理念具有普世性价值，可以为不同文化背景下的人们提供共同的价值追求和行为准则。在全球化进程中，推广儒家思想有助于促进不同文化之间的理解和尊重，推动构建人类命运共同体。同时，儒家思想中的教育理念和家庭观念也可以为全球教育发展和家庭建设提供有益的参考。

道家思想中的自然无为、顺应自然等理念对于全球环境保护和可持续发展具有重要的启示意义。在全球环境问题日益严重的今天，道家思想提醒我们要尊重自然、保护自然，实现人与自然的和谐共生。这一思想可以为全球环保事业提供理念支持和实践指导。

墨家的兼爱思想和非攻理念则可以为全球和平与发展提供有益的借鉴。在全球化进程中，各国之间的合作与共赢是时代发展的主流。墨家的兼爱思想强调人与人之间的平等与互助，可以为处理国际关系、解决全球性问题提供新的思路和方法。同时，墨家的非攻理念也提醒我们要珍视和平、反对战争和暴力、共同维护世界的和平与稳定。

二、古代文学艺术

（一）古代文学

"中国古代文学领域有着辉煌的成就，是我国优秀传统文化的主要构成内容，亦是中华文明的珍贵宝藏。其不但滋润了祖先的心灵世界，而且直至今日依然具备鲜活的生命力。正确认知我国古代文学的审美内涵与繁荣景象，既可强化民族自信，还能为建设新时期先进文化奠定深厚基础。"[1]

1. 传统诗词

（1）诗歌

《诗经》，作为中国最早的诗歌总集，收录了西周初年至春秋中叶的诗歌，共计305篇，又称《诗三百》。它以四言为主，兼有杂言，内容广泛，涉及社会生活的各个方面，既是周代社会生活的一面镜子，也是古代劳动人民智慧与情感的结晶。《诗经》运用了赋、比、兴的手法，开创了中国诗歌的现实主义传统，对后世诗歌创作产生了深远影响。

楚辞是继《诗经》后的另一种新诗体，是战国时代屈原所创作的诗歌。屈原（约前340—前227年），他最有影响的作品是《离骚》。《离骚》是中国古典文学中最长的抒情诗，是一篇浪漫主义杰作。其基本内容是表现诗人对实现"美政"这一崇高理想的热烈追求和

---

[1] 牛咏红.中国古代文学探析[J].神州，2020（5）：31.

不懈斗争以及对未来道路的探索。该作品是一首具有深刻现实意义的浪漫主义诗歌，其素材取自于中国古代劳动人民的坊间传说，具有一定的神话浪漫主义色彩，是中国文学浪漫主义的直接源头。《离骚》继承了《诗经》的比兴传统，而又进一步发展了它。屈原是中国文学史上第一个伟大的爱国诗人，他开启了诗歌从集体歌唱到个人独立创作的新时代。他打破了四言诗的格调，吸收民间形式，创造了句法灵活的新体裁。屈原之后著名的楚辞诗人有宋玉、唐勒等人。

汉代乐府是指汉代的音乐机关，专门负责采集民间歌谣、文人诗配乐演奏，这些诗歌被称为乐府民歌。汉乐府民歌最大的艺术特色是叙事性，它的出现标志中国古代叙事诗发展进入到一个成熟阶段。汉乐府民歌没有固定的章法、句法，长短随意，整散不拘，其代表性作品有《孔雀东南飞》《陌上桑》等。汉乐府民歌继承并发展了周代民歌现实主义的优良传统，这种现实主义精神直接影响到建安至唐代的诗歌发展。

五言诗是中国古典诗歌的一种民间艺术形式，该诗体起初是民间歌谣，经过一段时间的发展，转向文人写作。由文人创作的五言诗兴起于东汉末年，其语言风格、比兴手法等均体现出五言诗创作技巧的成熟，最具代表性的作品当属《古诗十九首》。《古诗十九首》作者未知，创作时代不能确定，反映的内容也很复杂。其艺术特色是长于抒情，融情入景，寓景于情。在中国早期的抒情五言诗中，这样的文学作品是比较少见的，它是中国文学史上早期抒情诗的典范。《古诗十九首》是中国五言诗已经达到成熟阶段的标志。五言诗的盛行是在魏晋时。建安时期是中国文学发展的一个重要时期，以魏国为主，蜀、吴很少出作家和作品。曹氏父子是这一时期的重要作家。两晋时期，在诗歌创作过程中，只有少数诗人直面现实，其作品多是内容充实的诗篇，如左思。直到晋末杰出的诗人陶渊明的出现，才为空虚的东晋文坛带来富有现实内容的创作。陶渊明现存有诗作120多首，其中大多具有平淡自然的风格，作品整体的意境较高，他的创作提高了五言诗的艺术水平。陶渊明开创了田园诗一体，为古典诗歌开辟了一个新的境界。

隋唐五代时期，整个文坛出现了前所未有的繁荣局面，这一时期是诗歌高度成熟的黄金时代。在唐朝近300年的时间里，有将近5万首诗歌留存至今，这些诗歌表现内容空前广泛，形式丰富多样，比如近体诗的七绝、排律、五律、七律、五绝等，古体诗的七古、乐府歌行、五古等，这些作品既继承风骚，又开启词曲。独具风格的著名诗人就有五六十位，其中，李白、杜甫、白居易的成就更是达到了诗歌创作的高峰。

（2）词

关于词的起源，学术界有不同的观点，大约在晚唐至五代开始产生，中唐以后开始流行。词即歌词，本指一切可以合乐歌唱的诗体，也称曲子词，后简称为词。中唐以后，文人开始创作词。李煜改变了晚唐五代以来曲折的表现手法，直抒自己的情怀，他善于运用白描手法抒写生活的感受，如"小楼昨夜又东风，故国不堪回首月明中"；他也善于运用贴切的比喻将抽象的感情形象化，如"问君能有几多愁,恰似一江春水向东流"。晚唐五代词人用自己的创作,完成了文人词的草创。

宋代是词的黄金时代,不仅源于其词作数量之巨、艺术成就之高,更在于它深刻反映了那个时代独特的社会风貌与文化精神。宋词的繁荣离不开当时的社会条件,商业的逐渐发达为词的广泛传播提供了物质基础,词作为一种文学形式,其用途也随之变得更加广泛,无论是市井小巷还是文人雅集,词都扮演着不可或缺的角色。宋词的思想内容不及宋诗丰富,但艺术上却表现了更多的创造性。宋词一向有婉约和豪放之分,却以婉约为主,婉约词在数量上占有绝对优势。豪放词兴起得比较晚,尤其在南渡之后,词人的词风开始变得慷慨悲凉,最终形成一个流派。自此,豪放派词和婉约派词双峰对峙,各显异彩。豪放派代表人物有苏轼、辛弃疾、张孝祥等,婉约派代表人物有柳永、秦观、李清照、周邦彦等。

元明两代,词日趋衰落,到清朝开始复盛。清初词人中较有成就的是纳兰性德。纳兰性德(1655—1685年),满洲正黄旗人,大学士明珠之子,康熙朝进士,官一等侍卫。其好读书,词以小令见长,多感伤情调,间有雄浑之作。词集名《纳兰词》,有单行本,又与徐乾学编刻唐以来说经诸书为《通志堂经解》。

2. 传统散文

(1) 早期散文创作

散文,作为一种实用文学形式,在文字出现后便开始兴起。在初始阶段,受到物质和技术条件的制约,其文字表述多倾向于简洁。因此,早期的散文作品往往篇幅短小。然而,随着社会经济的逐步发展以及文化工具的改进,更长篇幅的散文创作逐渐变为可能。

在历史散文方面,先秦时期可谓是一个重要的发展阶段。《春秋》被普遍认为是历史散文的开端,而到了《左传》、《国语》以及《战国策》等作品的出现,历史散文在先秦时期已具雏形。

从具体作品来看,《春秋》是鲁国的编年体史书。在当时,记载着各国历史的书被统称为《春秋》。现今一般认为《春秋》是经过孔子修订的鲁国史书,主要记录了周王朝、鲁国及其他各国的事件,文字简练,颇似今日的新闻标题。

《左传》则是《春秋》的详细编年史,它不仅记录了事件的本末,还包括相关的轶事和琐事。该书内容丰富,艺术价值极高,以富于故事性的叙事、出色的战争场面描写以及优美的语言为特点。

此外,《国语》是一部国别体史书,主要记录了周王朝、鲁国及其他诸侯国的事件,以记言为主,相传为左丘明所作。而《战国策》则记录了战国时期谋臣策士间的斗争及相关的谋议或说辞,其文章说服力强,人物形象生动。

在诸子散文方面,由于百家争鸣的氛围以及私人著述的兴起,诸子散文在说理、叙事的同时,也展现出了极高的艺术性。如《论语》以语录体形式记录了孔子的言行,而《墨子》则以其质朴的逻辑和从具体问题中得出的概括性结论为说理文的发展做出了贡献。特别值得一提的是,《庄子》以其独特的寓言故事、奇特的想象和极富浪漫主义色彩的语言，成为先秦诸子散文中的一朵奇葩。

（2）散文的鼎盛时期

汉代，文学创作在宽松的文化政策下开始繁荣。尽管此时出现了一种新的文体——汉赋，但其成就并未超越散文。这个时期的代表作家有贾谊、晁错、王符等，其中以贾谊的成就最为突出。而汉代散文达到新高度的标志则是司马迁的纪传体巨著《史记》。

司马迁，西汉时期的史学家、文学家，他历经十年的努力完成了《史记》的撰写和修订工作。该书是中国第一部纪传体通史，也是中国古代传记文学的杰作。其内容丰富、时间跨度大，涵盖了从皇帝至汉武帝时期的三千余年历史。在书中，司马迁依照本纪、书、世家、列传等体例全面而详尽地记录了这一时期的历史事件和人物。同时，《史记》还展现了司马迁严谨的科学态度和实事求是的精神。他对材料进行了广泛的涉猎和精心的选择，力求在书中呈现出一个真实而全面的历史画卷。此外，《史记》在中国史学发展史上具有重要地位，它不仅开创了史书纪传体的先河，而且对后世的散文和传记文学创作产生了深远的影响。

（3）散文的衰落与复兴

明代散文创作曾一度陷入衰退期，尽管明初有宋濂、刘基等代表作家以其经历社会动乱的现实主义作品为文坛带来一丝活力，但随后因科举考试等因素的影响，散文创作逐渐失去了生气。然而，在明末清初之际又相继涌现出了一批具有广泛影响的作家，如顾炎武、王夫之等，他们为散文的复兴注入了新的活力。

到了 19 世纪 60 年代至 19 世纪末，随着中华民族危机的加深，以康有为、梁启超为代表的作家开始进行文学上的探索，其中以梁启超的新体散文最为引人注目。梁启超的作品对传统古文产生了强烈的冲击，为文体的解放和白话文运动开辟了新的道路，也预示着散文创作即将迎来一个新的发展阶段。

3. 传统小说

传统小说，作为中华文化的重要组成部分，承载着深厚的历史底蕴和丰富的文化内涵。从明代的章回体小说到清代的文言白话小说，传统小说以其独特的艺术魅力和深刻的社会洞察，吸引了无数读者。这些作品不仅展现了古代社会的风土人情，还反映了人们的悲欢离合，成为中国文学史上的瑰宝。

（1）明代小说

短篇小说方面，以《喻世明言》、《警世通言》、《醒世恒言》和《初刻拍案惊奇》、《二刻拍案惊奇》为代表，这些小说反映了当时的市民生活，以其短小精悍、寓意深刻的特点，深受读者喜爱，在中国文学史上留下了浓墨重彩的一笔。

明代独具风格的长篇章回小说是《西游记》。《西游记》的作者吴承恩（约 1504—1582 年），字汝忠，号射阳山人。其少时家贫。吴承恩从小聪慧好学，少年时就有文名，后来更是博览群书，写诗作文，下笔立成。他喜欢神奇的故事传说，常常偷偷到市上去买一些野史、小说来看。成年以后，他广泛搜集相关材料和书籍，从中积累大量的知识，最终完成了一部惊世骇俗的作品——神话小说《西游记》。《西游记》全书共100回，包含41个小故事。该作品叙事玄幻，极具想象力，情节生动有趣，多采用夸张的手法，营造出玄幻境界的矛盾冲突，极大地丰富了人物形象，语言明快流利，诙谐幽默。《西游记》有着极高的艺术成就，其问世标志着中国浪漫主义文学达到一个新的高峰。

（2）清代小说

《聊斋志异》是一部独具风格的短篇小说集。始于魏晋南北朝的志怪小说，到清朝风气复炽，这时期的蒲松龄创造性地用唐传奇手法来志怪。蒲松龄在《聊斋志异》有两个主题：一是描写爱情；二是抨击社会的不良风气，揭露不良制度。

《儒林外史》是中国古典小说中一部杰出的长篇讽刺小说。作者吴敬梓（1701—1754年），字敏轩，号粒民，晚年又号文木老人。吴敬梓一生经历丰富，饱尝世态炎凉的滋味。他在极端艰苦的条件下，花了多年的工夫，用辛辣的讽刺笔调，写成了《儒林外史》这部杰作。书中的讽刺意味，常常通过情节的发展自然地流露出来，不需要作者直接说出或评议，读者就能感到人物的可笑和可鄙。这部小说达到了中国古典文学的讽刺艺术的高峰。

《红楼梦》是中国古典小说的艺术高峰。作者曹雪芹（约1715—1763年），名霑，字梦阮，号雪芹、芹圃、芹溪。曹雪芹少年时，生活富足，受到了良好的教育，这为他之后的创作奠定了基础。《红楼梦》不仅是在他晚年所著，而且是在极其窘迫的环境下，利用十年的时间创作出这部经典佳作,让人惊叹不已,可见其深厚的艺术功底和文学修养。《红楼梦》最初名《石头记》,前80回是曹雪芹本人所写,后40回一般认为由高鹗续写。高鹗,字兰墅,一字云士,别号红楼外史,汉军镶黄旗人,乾隆时进士,做过翰林院侍读等官。后40回的创作延续原著的线索,将贾宝玉和林黛玉爱情背景极尽描述,使之成为一部完整的文学巨著。但是,后40回的艺术性及思想性不及前80回。《红楼梦》是一部对当时社会加以全面批判的现实主义杰作。它深刻地揭露了当时的社会制度的弊端与封建统治阶级的不良行径,抨击了当时的封建观念。全书中的人物形象刻画得入木三分,结构严谨,气势恢宏,情节曲折动人,画面唯美,语言流畅优美,具有极高的思想性和艺术性。经历200多年,该作品的思想内容依旧熠熠发光,艺术魅力历久弥新。

4. 古代文学的文化精神

(1)"文以载道"与"以人为本"

中国古代文学有一个最重要的特点,即将文学视为一种教化工具,也即"文以载道"。儒家学说一直将教化手段作为重要的教育方法。在孔子的教育中,首先重视的是诗的教学,在之后两千多年的历史进程中,这种观念一直都存在并产生影响。"文以载道"这种教化传统具有双面性,一方面,它通过对现实的深刻洞察与细腻描绘,强调作品的核心思想与教育意义,从而催生出众多兼具深度与广度的优秀作品;另一方面,这一传统也为后世提供了宝贵的教育资源与深远的文学价值，但同时也可能限制了文学的多元表达与自由创新。

中华文化的一大特色是"以人为本"，这是中华文化和精神的核心。叙事和抒情作品都是来源于人的生活体验，这充分体现中国人对于人性和社会现实的认识与思考。

（2）"中庸"美学风格与抒情写意的艺术手法

传统儒学的核心原则是中庸之道，在文学中，它体现为"中和"。孔子提倡在文学作品中加入抒情的成分，但是这种情感的表达要有一定的限度，不能够太强烈，要做到"发乎情，止乎礼"这种境界。古代文学也是在这种思想下发展起来的，作品具有"中和"美学的韵味，这种"中和"之美，不仅体现在文字的表达上，更渗透于作品的意境与情感之中，使得古代文学作品既有激昂的壮志，又有柔情的细腻，二者相辅相成，共同构建出一种独特而深邃的美学境界。这种境界，既是对人生百态的深刻洞察，也是对宇宙万物的和谐追求，展现了中国古代文学独特的艺术魅力。

在中国古代的文学作品中，"抒情言志"类型的诗歌具有很成熟的发展空间，叙事类型的作品发展则较为缓慢，这充分论证中国古代文学以抒情为基调。抒情属性是中国古代文学的核心特征，叙事文学也多有抒情成分。

在中国古代文学作品中，写意是很重要的抒情手法，写实运用得较少。古代文学中的"意境"与"神韵"，分别与书画艺术中的"写意"的自由表达及"传神"的生动再现相呼应。古典诗词擅长以情景交融的手法抒情颂物，通过细腻而深远的描绘，达到超越时空的艺术效果。诗词中常弱化人称与主语，使读者能沉浸其中，感同身受。基于此，中国古典诗歌营造出美好而永恒的意境。写意手法同样广泛应用于古典小说，其中传统的白描技法，以简约笔墨巧妙烘托氛围，勾勒人物形神，展现了高超的艺术表现力。

（二）古代艺术

中国传统艺术源远流长、博大精深。在中国历史上，"蓝田人"那些粗糙的石斧、砍砸器、刮削器，既是实用的工具，又是和谐美的萌芽。"山顶洞人"用骨、石、贝做的装饰品则直接开启了中国艺术的大门。自此，中国人经过新石器时代神秘崎岖的彩陶文化与商周时期威严辉煌的青铜文化的洗礼，逐渐步入了漫长而又多姿多彩封建文化时期，逐渐形成了包括琴棋书画、戏曲、舞蹈等门类齐全的中国古代艺术体系，形成了中国传统艺术独具的艺术规律和艺术特性。

1. 琴

即古琴，也被人们优雅地称为瑶琴、玉琴或七弦琴，它是世界上最早的弦乐器，被誉为中国音乐文化的瑰宝，此乐器的历史可追溯至远古的周代，当时它已在社会中广泛流行并深受人们喜爱。

古琴的演奏风格，在历史的长河中经历了显著的演变。在两汉时期，儒家思想盛行，古琴被视为礼、敬、正、禁的象征，其演奏风格以严谨、庄重为主。然而，随着历史的推移，至魏晋、唐宋等朝代，道家与禅宗的思想逐渐融入古琴文化中，使得古琴的演奏风格发生了转变，开始追求超然、洒脱、旷达与豪放，这种风格的转变也使得古琴的演奏更为潇洒、飘逸。因此，后世的文人墨客常将古琴与这样的意境相联系。

古琴的构造精巧而复杂，主要由琴面和琴底两大部分构成。琴面，作为架弦并用于演奏的主要部分，通常采用质地优良的桐木或杉木制成，因此，古琴在古代又有"绿绮""丝桐"等雅称。面板外侧镶嵌着13个白色小圆点，这些被称为琴徽的标志，不仅指示了泛音的位置，还明确了各音的音位；琴弦由粗至细，从外至内依次排列，最初为五弦，后增至七弦，据传是由周文王和周武王所加，因此，新增的两弦被尊称为"文武弦"；而琴底，则由梓木精心雕琢而成，其上开有两个大小各异的出音孔，分别被赋予了诗意的名字："凤沼"与"龙池"；当琴面与琴底完美结合时，便形成了一个长约110厘米的狭长木质音箱，即我们所称的琴身；古琴的琴头部分宽约17厘米，而琴尾则略窄，约为13厘米。这一经典造型在汉代得以定型，并在魏晋之后逐渐与我们今天所见的形态相吻合。

随着古琴的广泛流传与发展，与之相关的琴曲、琴谱以及琴论在历史的传承与革新中，逐渐构筑起了一个完整且内容丰富的体系。

（1）琴的发展历程

在古琴艺术的初生阶段，它主要是作为一种伴奏乐器存在的。

《诗经》中的多篇诗歌，便是在古琴的悠扬伴奏下被传唱的，这种表演形式被称为"琴歌"，部分后续的琴曲便是由此衍生而来。那个时期，已经存在诸如《高山》、《流水》、《阳春》、《白雪》以及《雉朝飞》等独奏曲目。据传，在先秦时期，有一位名叫师旷的琴师，其琴技精湛到能引玄鹤随乐起舞。从史书中对师襄、师旷以及伯牙超凡琴艺的记述可以看出，古琴艺术在当时已经相当成熟。

进入西汉时期，古琴发展为七弦，并增设了徽位作为音位的标志。到了汉末三国时期，古琴的形制发生了显著变化，其琴面变得完全平直，这一改进使得左手指可以在面板上自由移动，从而演奏出滑音。同时，共鸣箱的设计改良和音量的适度增大，极大地丰富了古琴的艺术表现力。可以说，此时的古琴已基本定型。此时，除了被称为"蔡氏五弄"的《游春》《渌水》《幽居》《坐愁》《秋思》等名曲外，《饮马长城窟行》《白雪》等曲目也广受欢迎。

到了魏晋南北朝时期，文人墨客以"琴棋书画"为风雅之事，古琴的演奏技艺与琴曲创作均步入了鼎盛时期。蔡文姬、阮籍、嵇康、柳恽、丘明等人均是当时的古琴名家。同时，还涌现出了《梅花三弄》《乌夜啼》《大胡笳鸣》《小胡笳鸣》等流传千古的佳作。

然而，在隋唐时期，由于琵琶等乐器兴起并在宫廷与民间大受欢迎，古琴则相对受到冷落，其发展主要局限于文人士大夫的圈子内。进入宋元时期，古琴艺术的一个显著特点是多个流派并存。其中，京师、两浙和江西等流派尤为突出，而浙派的成就更是被公认为最高，对后世产生了深远的影响。这与浙派代表人物、杰出古琴家郭沔等人不断从民间流行琴曲中汲取灵感、反对墨守成规、积极推动新作品创作的努力密不可分。

到了明清时期，各个古琴流派纷纷涌现。其中，大部分流派都主张古琴演奏应以纯器乐曲为主，因此被称为器乐派；但也有声乐一派，他们坚持古琴演奏应以琴歌为主或者提倡为现有的曲调填词。值得一提的是，随着出版与印刷技术的飞速发展，私人集资刊印琴谱的现象变得十分普遍。特别是1425年由明代朱权等人编印的《神奇秘谱》，它是现存最早的古琴谱集之一，收录了大量的珍贵古琴曲谱。这本谱集对于保护和传承古琴古曲、推动古琴艺术的发展起到了举足轻重的作用。

（2）琴的独特文化意象与旨趣

琴，这一古老的乐器，在中国传统文化中承载着独特的文化意象与旨趣。它不仅仅是一件用于演奏音乐的工具，更是一种精神的象征，代表着高雅、清远与超然的意趣。在文人墨客的笔下，琴常常与山水、诗词相伴，成为他们寄托情怀、抒发胸臆的媒介。弹琴者通过指尖的流转，将内心的情感化作音符，飘散在空气中。每一声琴音，都仿佛在诉说着一个古老而深远的故事，引领听者进入一种超凡脱俗的境界。在琴声中，人们可以暂时忘却尘世的烦恼，感受到一种心灵的净化与升华。因此，琴在中国传统文化中，被赋予了深厚的文化内涵和精神意义，它代表着一种高雅的生活态度和审美情趣，成为中华文化中不可或缺的一部分。

2. 围棋

棋，在中国古代主要包括围棋和象棋。不过，本书中的"棋"特指围棋。围棋，顾名思义，因其核心策略在于围困对手并尽可能多地吃掉对方的棋子以取得胜利而得名。作为中国传统的棋类游戏，围棋同样堪称全球最古老的棋类运动。

在古代，围棋的棋盘布局通常为纵横各17条线路，形成289个交叉点，双方各执黑白棋子150枚进行对弈。据历史记载，也存在过13条和15条线路的棋盘版本。而现代标准的19条线路棋盘，拥有361个交叉点，黑子181颗，白子180颗的规格，则在魏晋南北朝时期已经基本定型。围棋以其高度的策略性和竞技性著称，玩家需通过深思熟虑来布局和反击，正因如此，围棋不仅是一项智力游戏，更可作为一种运筹帷幄、谋划策略的辅助工具。

（1）围棋艺术的发展历程

在春秋战国时期，有关围棋的历史记载已相当丰富，这表明围棋在当时社会已经相当流行。更值得注意的是，围棋棋艺在那个时代已经达到了相当高的水平，诸如弈秋这样的围棋高手已经开始崭露头角。

随着历史的推移，到了两汉以及魏晋南北朝时期，围棋因其实用性和日益凸显的艺术性而广受人们的欢迎。围棋的实用性在这一阶段仍然占据着一席之地。然而，直到唐宋时期，围棋才真正作为一门独立的艺术形式被社会全面认可。在这一时期，不仅有更多的典籍将围棋与文学、音乐、书画等艺术形式相提并论，更有大量的文人墨客及艺术家对围棋情有独钟，他们创作了许多描绘围棋的精妙诗词和文章，展现了一种超脱世俗的闲适情致。随着围棋的进一步普及与专业化，其逐渐脱离了实用性的束缚，更多地被看作是一种艺术追求。唐代之后实行的棋待诏制度更是推动了围棋专业化的快速发展，使得围棋专业化水平得到了显著提升，并且传播到了日本。

进入元代，严德甫与晏天章联手创作了《玄玄棋经》，这部作品的问世标志着围棋艺术达到了新高度。"玄玄"之名取自老子"玄之又玄，众妙之门"的哲学思想，深刻体现了围棋艺术的深不可测与博大精深。书中精心收录了300余幅棋局图，这无疑成为围棋向纯粹艺术化转变的标志，这时期的围棋不仅艺术性强，而且具有极高的审美价值。到了明清时期，得益于历代围棋论著的积累和传承，以及众多围棋高手的成功经验，围棋艺术迎来了前所未有的大发展。众多技艺高超的棋手纷纷涌现，他们精湛的棋艺为中国古典围棋史增添了浓墨重彩的一笔。近现代以来，中国的围棋艺术走出国门，在东南亚、澳大利亚、欧洲、美国，尤其是在日本和韩国，都得到了迅速的传播与发展。

（2）围棋的审美特点

围棋，这一具有千年历史的智力游戏，不仅是一项策略竞技，更蕴含着深厚的审美特点。其审美主要体现在三个方面：形象美、情感美和思想美。

首先，围棋展现了一种独特的形象美。黑白棋子在纵横交错的棋盘上布局，犹如一幅极简主义的抽象画。棋子的分布与走势，形成了一种和谐而富有动感的图案，给人以视觉上的享受。

其次，围棋蕴含着丰富的情感美。对弈过程中，每一步棋都凝聚着棋手的思考与情感。无论是锐意进取的攻击，还是稳健防守的布局，都体现了棋手的个性和情绪。围棋对局往往成为棋手之间情感交流与碰撞的平台。

最后，围棋还体现了深刻的思想美。它不仅是一种游戏，更是一种智慧的体现。围棋中的策略与布局，反映了棋手的世界观和人生观。在围棋的世界里，人们可以体悟到阴阳平衡、攻防转换等哲学思想，感受到东方智慧的独特魅力。因此，围棋不仅是一项竞技活动，更是一种具有深刻审美内涵的文化现象。

3. 书法

（1）书法的发展历程

书法，这一独特的艺术形式，是以毛笔为工具，通过艺术化的手法书写汉字的艺术。它不仅是一种写字的技巧，更是一种深邃的艺术表达。书法的发展与字体的演变以及书写工具的变革紧密相连，它们共同构筑了这门艺术的深厚底蕴。

从历史的角度来看，书法的演进历程与汉字字体的变革息息相关。自甲骨文以来，大篆、小篆、隶书等字体相继出现，最终演变为现今广泛使用的楷书。在这一过程中，书法艺术逐渐走向成熟，形成了独具特色的艺术风格。值得一提的是，书法艺术乃中国所独有，即便是最早的甲骨文和金文，也已展现出线条美、单字造型的对称与变化美，以及整体布局的章法与风格美。

秦朝的一统天下，不仅带来了政治上的统一，也在文化领域产生了深远影响。李斯主持下的文字统一工作，催生了秦篆的诞生。而汉代，则是书法发展史上的一个关键时期。在这一时期，书法经历了从籀篆到隶书，再由隶书演变为章草、真书、行书的重大变革。至汉末，中国汉字的书体已基本齐备，这一时期无疑是汉字书写趋于定型的关键阶段。隶书的出现，不仅使汉字书写更加规范、方正，更在笔法上实现了突破，为后续的书法流派奠定了基础。隶书在汉代得到了广泛应用，其笔法日益精湛，书体风格也呈现出多样化的发展趋势。同时，隶书的变体也逐渐衍生出章草、行书等新书体，真书亦开始萌芽。

隶书原本是为了追求书写的便捷性而产生的，因此有"隶书为小篆之捷"之说；同样地，出于效率考虑，章草作为"隶书之捷"也应运而生。章草在保留隶书笔意的基础上，打破了隶书的严格规范，其笔画纵逸奔放，独具特色。汉代还见证了今草、行书等书体的相继诞生。与章草不同，今草的笔画间没有波磔，且字与字之间常有勾连；而行书则巧妙地介于楷书与今草之间，既不过于拘谨也不过于放纵。在汉代，楷、草、行等书体已基本完备，此后的字体发展再无大的变化。因此，隶书被普遍认为是连接篆书和草、楷书体的关键桥梁。

随着历史的推移，魏晋时期的书法艺术继续蓬勃发展。与汉代以隶书为主不同，魏晋时期真、行、隶等多种书体并盛。此时，书法家之间开始形成师承关系，书法艺术更加系统化。晋代更是书法艺术的巅峰时期，涌现出了如王羲之这样的大书法家，他博采众长，一改汉魏时期的质朴风格，创作出了被誉为"天下第一行书"的《兰亭集序》。

唐代是中国封建文化的鼎盛时期，也是书法艺术全面成熟、高度繁荣的阶段。这一时期的书法审美从"尚韵"转向"尚法"，形神兼备，书法艺术达到了前所未有的高峰。初唐时期有虞世南、欧阳询等杰出书法家；盛中唐时期则以张旭、颜真卿等为代表，他们的作品博大雄浑，各体皆备且有所创新；晚唐五代则继承了盛唐的余绪，出现了柳公权、杨凝式等书法大家。宋代则有苏轼、黄庭坚、米芾、蔡襄等四大家，他们的书法各有千秋，苏轼的书法在法度中出新意，黄庭坚的书法则变化无端。

元代赵孟頫的书法结构妍丽且他擅长各种书体，被公认为元代书法的领袖。明清时期也有诸多文人擅长行草，他们在继承晋唐书法的基础上进行创新，影响深远，如清代书法家金农、郑板桥等在继承与革新中突出个人风格，为书法艺术注入了新的活力。

（2）书法的艺术特征

书法，作为中国传统文化的瑰宝，其艺术特征主要体现在以下三个方面：

首先，书法展现了线条造型的美。在书法艺术中，线条是最基本的造型元素，其粗细、浓淡、干湿、快慢等变化，构成了书法的韵律与节奏。书法家通过运用不同的笔法，创造出千姿百态的线条，这些线条既富有动感，又充满力量，从而形成了书法艺术独特的线条美。

其次，书法体现了整体的美。一幅好的书法作品，不仅要求每个字的线条美，更注重整幅作品的布局和章法。通过合理的空间分布、墨色的深浅搭配以及字与字之间的呼应，书法家能够营造出一种和谐统一的整体美感，使观众在欣赏时能够感受到作品的内在气韵和整体协调性。

最后，书法蕴含了情感和个性的美。书法艺术是书法家内心情感的真实写照，每一笔每一画都凝聚着书法家的心血和情感。同时，书法也是书法家个性的体现，不同书法家的作品风格各异，有的豪放洒脱，有的清新秀丽，这种独特的个性美使得书法艺术更加丰富多彩。

4. 绘画

（1）绘画的类型

中国绘画艺术在历史的长河中，经过不断的演变与发展，逐渐形成了多样化的画科种类，这些画科涵盖了人物、山水、花鸟、鱼虫等诸多领域。在绘画技法上，中国画家们采用了工笔、写意、水墨及设色等丰富的手法，同时，还巧妙地运用了阴阳向背、虚实交错、留白等独特的表达方式，对事物形象进行深刻而细腻的刻画。值得一提的是，中国画在取景与布局上展现了极高的自由度，它并不同于西方绘画中的焦点透视，而是依据画家的艺术构思和审美观念进行自由构图。在画幅形式上，中国画主要有卷轴、扇面等，且配以精湛的装裱工艺，使画作更具观赏与收藏价值。

若以内容来分类，中国画可大致划分为人物画、山水画和花鸟画三大类别。人物画在中国有着悠久的历史，战国时期已见端倪，至唐代则达到了鼎盛。顾恺之，是六朝时期的杰出画家，其《女史箴图》和《洛神赋图》是传世之作，后者以曹植的文学作品《洛神赋》为创作蓝本，将人物的神态与风姿表现得淋漓尽致。而被誉为"画圣"的吴道子，在人物画与山水画方面均有深厚造诣，他的人物画以焦墨勾勒为主，略施淡彩，便显得栩栩如生，因而有"天衣飞扬，满壁风动"和"吴带当风"之美称。

山水画与花鸟画的兴起可追溯到东晋与隋唐时期，而在五代两宋时期达到了艺术的巅峰。山水画以自然山川为描绘对象，通过青绿、金碧、没骨、浅绛、水墨等多种表现形式，展现了大自然的壮丽景色，其起源可上溯至秦代，但直到六朝时期，经顾恺之、宗炳等人的推动，才逐渐发展成为独立的画种。宗炳的《画山水序》更是被誉为中国绘画史上第一部山水画理论著作，具有划时代的意义。展子虔的《游春图》作为现存最早的山水卷轴画，其在处理画面的空间关系上展现了非凡的技艺。

花鸟画则是中国传统绘画的另一重要分支，它以自然界中的花卉、竹石、鸟兽、鱼虫为创作主题。其历史可追溯至新石器时代陶器上的简单鱼鸟图案，经过漫长的发展，于宋代趋于成熟。宋徽宗赵佶便是花鸟画领域的佼佼者，其《芙蓉锦鸡图》生动地展现了锦鸡瞬间的神情，堪称花鸟画中的佳作。

在绘画技法的分类上，中国画又可分为工笔画与写意画两大流派。工笔画以其对实物形象的精细刻画而著称，每一笔每一画都力求细腻入微；相对而言，写意画则更注重通过简洁的笔墨来捕捉事物的神韵，其表现手法更为夸张与自由，尽管笔墨不多，却能够生动地展现事物的内在精神。

（2）绘画艺术的文化特点

绘画艺术在中国传统文化中占有举足轻重的地位，其文化特点独具一格，深刻反映了中华民族的文化底蕴和审美情趣。其中，最为显著的特点便是工笔重彩和水墨写意，以及诗、书、画、印的有机融合。

工笔重彩，即言工笔画以其精致细腻的笔触和鲜艳厚重的色彩为显著特征，不仅注重物象的精确描绘，更在色彩运用上追求富丽堂皇的艺术效果。这种绘画风格体现了中华民族对精细工艺和华美色彩的独特偏好，同时也展示了艺术家们精湛的绘画技艺。

与工笔重彩形成鲜明对比的是水墨写意。水墨画侧重于通过墨色的深浅、干湿、浓淡来表现画家的主观情感和意象，强调笔墨的意境和气韵生动。这种绘画风格体现了中国人追求人与自然和谐相处的哲学思想，以及崇尚简约、含蓄的审美理念。

此外，中国画还独特地将诗、书、画、印融为一体。诗意增添了绘画的意境和内涵，书法则赋予了画面独特的节奏感和线条美，印章更是中国画的点睛之笔,既证明了画家的身份,又增加了画面的艺术韵味。这种综合性的艺术形式,展示了中国绘画艺术的博大精深和独特魅力。

三、古代科技成就

(一)传统科技的发展演变

古代中国作为人类发源地之一,也是科技萌生最早的国度之一,如黄河、长江、珠江等流域以及北方的游牧地区都有科技产生的线索。

1. 古代科技的萌芽

自远古至春秋战国时期,中国的科技文化经历了一个从孕育、萌芽到初步发展的历程。在距今大约180万年至公元前2000年的漫长岁月里,中国处于原始社会时期,尽管环境蛮荒,但我们的先民已经以惊人的创造力,催生了一个又一个杰出的生产技术成果。

据考古发现,我国最早的石器源于西侯度文化时期,这些距今约180万年的石器实证了我国先民至少在那个时期就已经熟练掌握了石器技术[1]。更为引人注目的是,元谋人,这些生活在170万年前的原始人类,不仅能够制造石器、骨器和木器等各式原始工具,而且已经掌握了用火的技术。这一技术的掌握,无疑是我国先民对

---

[1] 白寿. 中国通史:第二卷 [M]. 上海:上海人民出版社,1994:3.

自然力量进行支配的重要里程碑。此外，大约28万年前，石镞的出现标志着弓箭的发明，这一创新在科技历史上占据了举足轻重的地位，它不仅彰显了我们的祖先在工具制造方面的丰富经验与卓越技能，更使得从较远距离捕获野兽成为可能，这无疑极大地推动了民族的生存与发展。

新石器时代，距今约一万年，人类制造的工具更为精细，原始的耕作和动物驯养技术也得到了显著的发展。同时，原始手工业如制陶、纺织等也开始崭露头角。陕西半坡村出土的6000多年前的彩陶瓶，其制陶工艺的成熟度令人叹为观止。此外，原始的养蚕制丝技术、建筑技术以及制造原始舟车的技术都已经产生，这显示了先民们全方位的创造才能。

除了这些直接应用于生产实践的技术发明，先民们也开始对自然界的规律性进行初步的探索和理解，科学的萌芽由此产生。其中，医药学知识的萌芽具有特别重要的意义。这一知识的起源，最早可以从先民的饮食习惯中找到线索。旧石器时代，祖先们就已经知道熟食的益处，这不仅能有效预防肠胃疾病，还有助于身体的更好发育。到了新石器时代，人们开始利用陶器蒸煮食物，这不仅减少了食物的污染，还使得营养的吸收更为全面。更为值得一提的是，陶器烹食使得喝开水成为可能，这为后来的饮茶文化奠定了基础。在严酷的生活环境中，祖先们还创造了"为舞以宣导之"的体育疗法来锻炼身体。同时，从某些部位偶然被尖硬器物碰撞后疼痛减轻的现象中，他们得到了启示，逐渐制造出了用于治病的精致石器——

砭石。在采集野果、植物种子和根茎的过程中，先民们还积累了一些植物药的知识。同时，渔猎、畜牧和工具制造等活动也为他们带来了动物药和矿物药的知识。这些医药学知识的积累，无疑为先民们的健康和生存提供了重要的保障。

在远古时期之后，夏商周三代是我国古代科学技术的真正起步时期。在这一时期，农业与手工业得到了前所未有的推进，同时，随着生产力的大幅提升，脑力劳动阶层和文字应运而生。夏朝，作为我国首个奴隶制朝代，这个时期科技文化的鲜明特征体现在生产与生活工具的转变上。人们逐渐从使用石器、陶器过渡到青铜器，这一变革显著促进了农业生产的发展。此外，夏朝在科学领域的最显著成就，是确立了以正月作为岁首的历法制度，这一创举对后世的历法体系产生了深远的影响。进入商代，尽管当时社会弥漫着浓厚的迷信氛围，但科技成就依然璀璨夺目。商代的青铜器文明达到了巅峰，制造了大量精美的青铜武器如戈、矛、刀、斧、箭镞、盔等，同时，还有用于盛酒的尊、罍、彝以及饮酒的爵、觚等青铜器皿。这些不仅体现了商代高超的铸造技术，也展现了当时社会文化的独特风貌。西周初年，科技又有新的突破。周公在洛邑附近的嵩山之阳兴建了观星台，这是我国最古老的天文观测设施，也是全球范围内极具重要性的古代遗迹之一。与此同时，数学作为一门独立学科开始崭露头角，人们开始使用算筹进行简单的四则运算，并将这些数学知识广泛应用于土方工程计算等实际生产活动中。在医学领域，医疗技术逐渐从巫术中分离出来，专职医生的出现以及最早医事制度的建立,标志着医学领域发生了革命性的变革。

春秋战国时期则是古代科技发展的又一重要阶段。这一时期,代表不同阶层利益的众多学说纷纷兴起。知识分子"士"阶层活跃于各国之间,他们各抒己见,相互辩论,从而创造了"百家争鸣"的学术繁荣景象,这一氛围极大地推动了科学的发展,使其达到了与古希腊相媲美的水平。在诸子百家中,儒家学派由孔子创立,强调血亲人伦、道德修养以及实用理性,但对自然科学知识相对忽视。儒家思想在后来的中华优秀传统文化中占据了统治地位,这在一定程度上影响了中国古代科技的实用化、技术化和伦理化倾向。与儒家不同,道家则超越了人生与社会的限制,更加关注自然变化的普遍规律。然而,在古代科学发展中,最具价值的当属与儒家并称为"显学"的墨家。墨家以实证为特色,构建了初步的"实验-逻辑"科学认知模式。"无论是从科学认识学说来看,还是从科学思维方法和证明方法来看,墨家都同奠定了古代西方科学智慧殿堂的古希腊人有许多类似之处。"[1] 遗憾的是,墨家在后续发展中受到排斥以至消亡,这无疑对中国古代科学技术的发展造成了重大损失。

2. "实用"科学体系的形成与发展

自秦汉历经三国、两晋直至南北朝,此阶段在古代科学技术的发展历程中占据了举足轻重的地位。秦朝实现政治大一统和中央集权后,得以深入推行一系列统一措施。其中,度、量、衡的标准化

---

[1] 林德宏,肖玲,等. 科学认识思想史[M]. 南京:江苏教育出版社,1995:128.

对科技的推进、知识的传播以及技术之间的交流产生了不可估量的深远影响。汉朝继承了秦朝的制度,并进一步稳固了自己的统治地位,使得各民族和地区间的交流变得更为广泛。在这一时期,由于政府能够集中人才和物力资源进行专门的科技研究,为水利工程和建筑领域的进步创造了有利条件,进而推动了汉朝经济的蓬勃发展。

值得一提的是,在秦汉时期,铜不仅在农具和兵器的制造上广泛取代了铁,而且炼钢技术也应运而生,这一技术的出现比欧洲早了约1900年。同时,这个时代也见证了建筑、交通、陶瓷以及纺织技术的迅猛发展。科学上最显著的成就则体现在农学、医学、天文学和算术这四大学科的日臻成熟上。农业由于是国家的根本,因此历来受到统治者的高度重视。此时,牛耕技术已经日趋完善,而《氾胜之书》等多部农书的问世,则标志着农业技术已经发展到了创立专门农学的阶段。

在医学领域,临床实践和经验总结方面取得了诸多重要成果。医圣张仲景的《伤寒杂病论》以及华佗精湛的外科手术技艺均被后世传颂。天文学家张衡的成就也颇为非凡。《九章算术》等数学著作经过系统整理,为后世留下了宝贵的数学遗产。此外,以炼丹术为雏形的化学学科开始奠基,生物学和物理学知识也取得了新的进步。从上述科技成果来看,古代的科学技术在这一时期已经形成了自己成熟且独具特色的体系与研究风格。此时正值希腊科学走向衰退、罗马文明开始兴起与发展的时期,科技的发展态势逐渐超越了西方。

进入三国、两晋南北朝这一动荡时期，特殊的历史背景反而促进了生产技术与实用科学的发展。武器制造技术的进步带动了机械技术向精巧化的方向发展。例如，三国时期的曹魏马钧发明了石车，并将东汉时期的翻车改良为更为高效的龙骨水车，这在当时是世界上最先进的提水工具之一。割据的政权格局为各种学术思想的争鸣提供了生存与发展的空间。除了儒家思想外，道家思想也相当活跃。道家在追求长生不老的炼丹过程中，揭示了某些自然事物的本质属性，如在冶金、磁学以及药用植物学方面均发现了许多新现象，为科技的发展做出了新的贡献。这一时期科学发展的显著成果主要体现在实用科学方面，这是一种尚未与技术分化的知识形态，其中技术蕴含了丰富的知识，而这些知识又具有明显的实用性。

从秦汉到南北朝时期形成的古代科技实用模式与发展道路，对后来的科学技术发展产生了深远的影响。实用科学特别注重生产实践和直接经验，关注工艺过程、工艺方法及实际操作的效益。具有丰富经验的工匠和医生等群体对实用科学的发展做出了巨大的贡献。然而，实用科学也存在一定的局限性，它过分依赖经验性描述而缺乏深入的理论分析，过于关注实用效益而忽视了对原因的深入探究，这使得知识水平陷入了一种"知其然而不知其所以然"的尴尬境地，这无疑是其一大缺陷。

3. 古代科技的鼎盛

自隋唐至宋元时期，我国实现了空前的国家统一，封建社会制

第二章 中华优秀传统文化的深厚根基

度日臻完善,与此同时,对外文化交流也呈现出日益广泛的趋势。正是在这样的历史背景下,中国古代科学技术迎来了其最为辉煌的时期。

隋朝,虽其历史短暂,但在多个科技领域均留下了深刻的烙印。尤其值得一提的是,由匠师李春巧手设计的赵州桥,以其独特的敞肩拱桥结构,不仅展现了卓越的建筑艺术,更从工程力学的角度为后世桥梁建设树立了典范。

步入盛唐,社会繁荣昌盛,文化艺术光芒四射。相较之下,虽然科技发展略显平缓,但在与文化生活紧密相连的技术领域却取得了显著的进步。长安城的宏伟建筑与规划便是明证,同时,雕版印刷技术的广泛应用也极大地推动了农书、历书、医书以及字帖等文化产品的传播。此外,陆羽所著的《茶经》更是开创了茶叶专著的先河,标志着对茶文化的研究进入了新的阶段。陶瓷技术在这一时期也获得了长足的发展,青釉与白釉的精湛工艺,以及蜚声中外的"唐三彩"都是唐代陶瓷艺术的瑰宝。在天文学领域,由于与封建王朝的统治命运紧密相连,涌现出李淳风、僧一行等杰出的天文学家。医药学方面,《唐本草》作为世界第一部由国家颁行的药典,其历史地位不言而喻,而孙思邈的集大成之作更是将医药学推向了新的高度。值得一提的是,炼丹家在实验过程中意外发现了火药的制造方法,这一发现对后世的军事技术产生了深远的影响。数学领域也取得了不小的进展,二次插值法的出现便是其中的重要成果。

宋代是中国历史上科技发展的又一高峰期。在指南针、印刷术、火药等军事技术的推动下,其他科技领域也呈现出全面推进的态势。在农学方面,陈旉的《农书》详细论述了南方水稻区域的农业技术和经营策略,为后世的农业生产提供了宝贵的经验。医药学领域进入了百家争鸣的新阶段,"金元四大家"的涌现标志着医学理论的深化和实践的丰富。《铜人腧穴针灸图经》更是统一了针灸学的各家观点,为针灸学的发展奠定了基础。此时,法医学也取得了令人瞩目的进步,南宋宋慈的《洗冤集录》在后世不仅被译为多国文字,更成为许多国家审理死伤案件和研究法医学的重要参考。天文学方面,"水运仪象合"的创新设计集多种天文仪器之优点于一身,展现了宋代天文学的高超水平。数学领域也迎来了贾宪、秦九韶、杨辉等杰出数学家,他们的贡献将中国数学发展推向了新的高度。此外,生物学知识的积累、地理著述的不断涌现以及物理、冶金、化学等学科的快速发展都彰显了宋代科技的全面繁荣。

　　元代在继承宋代科技成就的基础上继续发展。出于对外扩张的需要,元朝对技术力量的需求愈发强烈。统治者广纳贤才以巩固统治,而辽阔的地域也促进了各民族、地区间的科技交流与融合。农学方面承袭了宋代的高水平成就并有所创新,《农桑辑要》等三部著名农书的出现便是明证。中医药学在与中亚医药学的交流中不断吸纳新药和特殊治疗方法,丰富了传统医药学的内涵。数学和天文学在元代也达到了新的高度,成果斐然。此外,发达的东西方交通环境为科技交流提供了便利条件,不少西方旅行家和中国学者的西行旅行更促进了东西方文化的交流与融合。京杭大运河的建造不仅展现了当时水利事业的发达，也为后世的漕运和水利建设提供了宝贵经验。纺织业方面，黄道婆在汲取黎族棉纺经验的基础上革新棉纺织技术，推动了江南棉布生产的兴盛，其创新举措对后世的纺织业产生了深远的影响。综上所述，元代在科技领域承上启下，展现出繁荣的文化气象和独特的时代特色。

4. 古代科技的衰落

在明清时期，中国封建社会步入了它的"暮年"。由于深厚的传统积习，中国的政治、经济、思想文化以及科技均遭受了前所未有的困厄，显现出一种凝滞的状态。清朝采取了闭关锁国的政策，这导致了对外部世界变化的认知断裂，使得社会逐渐走向衰败。科技领域，除了少数亮点外，整体上陷入了停滞，尤其是在天文和数学等曾经高度发达的领域，甚至出现了倒退的现象。

明代标志着中国科技进入了一个总结性的阶段，其显著特点在于各学科开始涌现出大规模的科学总结。明代是一个航海家的时代，其中以郑和的七次下西洋最为瞩目，他率领的船队抵达了亚洲和非洲的 30 多个国家，这不仅彰显了当时世界造船与航海技术的巅峰水平，更在世界历史上书写了浓墨重彩的一笔。郑和的航海壮举极大地推动了域外地理学的发展，并催生了一系列生物学著作。这些著作反映了人们在动植物形态分类、生活习性及其与环境关系、微生物以及遗传变异等方面的认识提升。

在医疗技术方面，明代取得了两大显著成就。首先是对治疗传染性和非传染性热病的深入理解；其次是发明了预防天花的人痘接种法。在明代以前，人们主要依赖《伤寒论》来治疗流行性瘟疫病，但由于误诊，许多患者不幸丧生。然而，吴有性提出了"守古法不合今病"的创新观点，他对病原体、传染途径及方法、治疗原则等进行了全面研究，并撰写了《瘟疫论》，为瘟病学说的形成打下了坚实的基础。此外，种痘术最迟在16世纪中叶就已产生，它利用痘痂作为疫苗接种，有效降低了疫苗的毒性，为预防天花开辟了新的有效途径。这项技术后来在18世纪中叶传播到欧洲，并一直沿用到1796年牛痘接种法的出现。

在明末之前，中国的冶金技术也位居世界前列。明代采矿领域已经采用了"火爆"法，这很可能是火药爆破技术的早期应用。同时，明代还发明了炼焦法，这比欧洲早了整整一个世纪。在冶炼过程中，活塞式风箱得到了广泛应用，这种风箱能够持续提供较大的风压和气量，从而提高炉温和冶炼效率。

随着科学认识的不断深化，一系列具有总结性的科学成果相继涌现。例如，宋应星的《天工开物》全面系统地总结了明代及以前历代农业和手工业的生产技术。在医药学领域，李时珍的《本草纲目》对药用生物的形态、产地、采集和栽培方法进行了生动描述，并精确记述了蒸馏法及其历史，以及水银、碘、高岭土等在医疗中的用途。该书不仅纠正了前人的错误，还对世界医药学和生物学的发展做出了重大贡献。此外，徐霞客的《徐霞客游记》记录了他在游历过程中的地理知识，特别是关于熔岩、河道的考察结果，以及对气候差异和动植物生态分布影响的评述，具有重要的科学价值。而徐光启所著的《农政全书》则是古代农业科学的集大成之作。

在明末时期，西方传教士开始有选择地介绍西方新兴的科技知识到中国。以徐光启为代表的中国士大夫中的先进分子认识到了西方科技的先进性，并开始翻译介绍西方的科学著作。同时，他们也对中国传统科学文化进行了自觉的反思与改造。这些工作为中国传统科学向近代科学转变做了最初的理论准备。而这一时期正是欧洲近代科学技术诞生和发展的关键时期，文艺复兴、地理大发现和宗教改革推动了欧洲迅速向近代资本主义文明迈进。

然而，到了清朝时期，封建专制主义进一步加强了其统治地位，并日益强化了闭关自守的政策。在经济上承袭并发展了历代封建政权的"重农抑商"政策，限制了工商业的发展；在文化上则表现为"重文轻技"的倾向；在教育上以"四书""五经"为主要考试内容，进一步扼杀了与生产技术相关的科目并埋没了大量人才。这种内在的顽疾再加上闭关政策导致的与外界交流的阻隔，使得中国的科技发展遭受了严重冲击。自然科学没有得到应有的发展，实用科学成果也变得越来越少。随着国门的被迫打开，西方文化以强势姿态涌入中国，中国科技的发展陷入了艰难的境地。尽管如此仍有一些有识之士在努力推动科技的进步，例如，李善兰与伟烈亚力合作翻译了多部西方数学著作，使得近代符号代数学、解析几何学以及微积分等首次传入中国；徐寿在翻译西方科技书籍的过程中系统地介绍了近代化学知识，这为近代化学与化学工业的产生与发展奠定了基础；

此外，华蘅芳、徐建寅、张福僖等人也对西方科学知识的引入做出了重要贡献。

（二）古代传统科技劳动成就

1. 中国古代四大发明

在中华民族漫长而辉煌的历史长河中，古代科技发明犹如璀璨的星辰，照亮了文明的道路。其中，最为人称道的便是四大发明——造纸术、火药、指南针和印刷术。这四项发明不仅代表了中国古代科技的巅峰，更是对全球文明进程产生了深远影响。

（1）造纸术

造纸术的发明，堪称人类文明史上的一次翻天覆地的革新。在古老的时代，书写材料的稀缺与不便一直困扰着人们。在蔡伦改进造纸术之前，人们主要依赖竹简、木牍或丝绸来书写记录，但这些材料各有明显的弊端。竹简虽然制作简单，但极其笨重，携带和阅读都颇为不便，而且其制作过程中需要砍伐大量的竹子，对环境也是不小的负担。木牍则相对稀少且昂贵，不是普通百姓能轻易享用的。而丝绸，尽管轻薄便携，却价格昂贵，更是让人望而却步。

随着社会的不断发展，人们对书写材料的需求也日益增长。正是在这样的背景下，蔡伦总结前人的经验，并在其基础上进行了一系列的创新尝试。他巧妙地利用树皮、破布、麻头等看似无用的废弃物，经过一系列的加工处理，最终成功制造出了轻便、薄、耐用且价格相对低廉的纸张。这一发明，不仅解决了长期以来书写材料的短缺问题，更极大地推动了文化的传播与发展。纸张的普及使得知识的记录和传承变得更为便捷，文化的积淀也因此而加速。书籍的大量出现，使得更多人有机会接触到知识，从而推动了社会的进步。

蔡伦的造纸术不仅在中国产生了深远的影响，更在后来的岁月里传播至韩国、日本、阿拉伯乃至欧洲等地。可以说，这一发明成为推动世界文明进步的重要力量。各地文化因此得以更加便捷地交流与融合，共同推动了人类文明的繁荣发展。

(2) 火药

火药的发明，其渊源可追溯到古老的中国道教炼丹术。在追求长生不老、寻求金丹的过程中，道士们不断地试验各种物质，期望能够炼出仙丹。然而，正是在这无数次的试验中，他们无意间发现了一种威力巨大的混合物——火药。

在长期的实践中，人们逐渐摸索出了硫黄、硝石、木炭等物质的最佳混合比例。当这些物质以特定的比例混合并点燃时，便能产生巨大的爆炸力。这一发现，最初或许只是炼丹过程中的一个意外，但它的出现却彻底改变了人类的历史进程。

火药的出现，对战争方式和形态产生了深远的影响。传统的冷兵器时代因此逐渐被推向了火器时代。火药的爆炸力使得攻击距离和杀伤力都大幅提升，战争因此变得更加残酷和高效。这一变革不仅在中国产生了巨大影响，更在后来的传播过程中对全世界的军事技术产生了重大推动。

随着火药的传播，世界各地的军事技术也因此得到了极大的发展。火枪、火炮等新型武器的出现，使得战争的方式和手段都发生了翻天覆地的变化。这些武器的广泛应用，不仅改变了战场的格局，更在一定程度上重塑了世界的历史。

然而，火药并不仅仅在军事领域发挥了重要作用。在民用领域，火药也有着广泛的应用。例如，在开山炸石、筑路修桥等方面，火药的巨大威力使得这些原本艰巨的工程变得相对容易。这不仅极大地促进了社会生产力的发展，更在一定程度上推动了人类文明的进步。

（3）指南针

指南针是中国古代科技智慧的璀璨瑰宝，其出现也是中国古代航海事业的重要里程碑。它的出现，如同璀璨的北极星，为古代航海者点亮了前行的道路，引领他们穿越茫茫大海，探索未知的远方。

最初，人们发现并利用天然磁石的磁性来指示方向。这是一项革命性的发现，它使得古代人在茫茫大地和无垠海洋上，不再迷失方向。然而，天然磁石虽然神奇，却在使用过程中存在诸多限制，如体积庞大、磁性不稳定等。于是，智慧的古代人们开始探索更为先进、便捷的方向指示方式。

随着时间的推移，人工磁化技术的出现为指南针的发展带来了质的飞跃。人们逐渐掌握了将普通铁针磁化的方法，从而制造出了更为精确、便携的指南针。这一技术的突破，不仅极大地提高了航海的准确性和安全性，更使得远洋航行成为可能。从此，航海者可以更加自信地扬帆远航,探索世界的每一个角落。

指南针的发明对中国乃至全世界的航海事业产生了深远影响。在中国古代,指南针的应用推动了海上丝绸之路的繁荣,加强了中国与其他国家的交流与贸易。无数珍贵的商品、文化和思想通过这条古老的贸易路线得以传播,促进了世界各地文明的交流与融合。

同时,指南针的传播也对全球地理大发现产生了重要影响。欧洲的航海家们凭借这一神奇的发明,勇敢地踏上了探索新大陆的征程。他们跨越重洋,发现了新大陆和新的文明,为世界历史揭开了崭新的篇章。可以说,没有指南针的引领,这些伟大的地理发现可能会推迟许久。

随着指南针的传播与应用,世界航海事业得到了空前的发展。航海技术的不断进步,使得人们能够更深入地探索海洋的奥秘。指南针不仅为古代航海者提供了方向指引,更为全球化进程奠定了基础。在指南针的引领下,世界各地的人们开始更加紧密地联系在一起,共同书写着人类文明的壮丽篇章。

(4)印刷术

印刷术的发明与改进,无疑是中国古代文化传播的又一重要里程碑。在印刷术出现之前,文化的传播受到极大的限制。书籍作为知识的重要载体,其复制主要依靠手工抄写。这种方式不仅效率低下,而且容易出错,极大地制约了文化的传播速度和质量。

然而,随着雕版印刷术和活字印刷术的相继出现,这一局面得到了彻底的改变。雕版印刷术的出现,使得书籍的大规模复制成为可能。人们可以将文字和图案雕刻在木板上，再通过刷墨、铺纸、印刷等步骤，快速复制出大量的书籍。这种技术的出现，极大地提高了书籍的生产效率，降低了成本，使得更多人有机会接触到书籍和知识。而活字印刷术的出现，更是印刷术的一次重大飞跃。人们将每个字单独雕刻成字模，然后根据需要组合成文章进行印刷。这种方式不仅提高了印刷的灵活性，还大大降低了印刷成本，使得书籍的传播更加广泛。从此，知识和文化不再被束缚在少数人的手中，而是开始走向大众，推动了社会的进步和发展。

印刷术的发明与改进，对中国乃至全世界的文化传播产生了深远影响。在中国古代，印刷术的应用推动了文化的繁荣和发展，大量的经典著作通过印刷术得以广泛传播，这为后人留下了丰富的文化遗产。同时，印刷术的传播也对世界文化产生了重要影响，它促进了文艺复兴等文化运动的兴起与发展，推动了人类文明的进步。可以说，没有印刷术的发明与改进，人类文化的传播和发展可能会受到极大的限制。

2. 农业科技

中华民族自古以来便以农业立国，辅以林、牧、渔业，这一立国方针深受华夏大地特定的自然条件和地理环境的影响。中国农业生产具有悠久的历史，且在农具、农业技术及农学研究方面均展现出显著的优势，与同时代世界的其他国家相比，中国的传统农业无疑走在前列。甚至可以说，中国农业科学技术的发展水平，在某种程度上是中国文明发达程度的一个重要衡量标准。

（1）农具

中国农具的发展历程，是一部不断创新与改进的历史。早在原始社会，先民们就已开始使用石制、木制和骨制的简单农具进行耕作。随着青铜器和铁器的出现，农具的材质和制作工艺得到了极大的提升，特别是铁制农具的广泛使用，极大地提高了农业生产效率。

到了秦汉时期，农具的种类已经相当齐全，包括犁、耙、锄、镰等，且每种农具都根据其使用功能和农作物生长的特点进行了精细化的设计。例如，犁用于翻土，其形状和结构经过多次改进，更加适合不同土壤和耕作需求；而镰刀则用于收割，其刀片锋利，能够高效地切断稻谷和麦秆。

随着历史的推移，农具在设计和制作上越来越精细，不仅提高了农业生产效率，也减轻了农民的劳动强度。到了明清时期，一些地区甚至出现了水车、风车等较为复杂的农业机械，这些机械在灌溉、排水等方面发挥了重要作用。

（2）农业技术

中国农业技术的发展同样源远流长。在耕作技术方面，中国古代农民很早就掌握了深耕细作的技术，通过合理的耕作深度和耕作时间，以及适时灌溉和施肥，来提高土壤的肥力和作物的产量。此外，中国古代还发展了间作、轮作等种植制度，充分利用土地资源，提高土地的复种指数。

在育种技术方面，中国古代农民通过长期实践，选育出了许多适应当地气候和土壤条件的优良品种。同时，他们还掌握了杂交、嫁接等技术，进一步提高了作物的抗逆性和产量。这些技术在当时处于世界领先水平，为中国农业的持续稳定发展奠定了坚实基础。

（3）农学研究

中国古代的农学研究也取得了显著的成就。早在战国时期，就出现了专门探讨农业技术的文字，如《吕氏春秋》中的"上农"等篇章。到了汉代，更是出现了专门的农书，如《氾胜之书》等，这些著作详细记载了当时的农业生产技术和经验。

北魏时期的《齐民要术》更是中国古代农学研究的集大成之作，它不仅总结了前人的农业生产经验，还提出了许多创新的观点和方法。这本书对后世的农业生产产生了深远的影响，被誉为"中国古代农业百科全书"。

明清时期，随着农业生产技术的进一步发展，农学研究也进入了新的阶段。这一时期出现了许多新的农书，如《农政全书》《授时通考》等，这些著作不仅系统地总结了前人的农业生产经验，还引入了西方科学知识，为中国传统农业向现代农业转型奠定了基础。

总的来说，古代中国在农业科技方面取得了举世瞩目的成就。从农具的改进到农业技术的提升，再到农学研究的深入，都体现了中华民族在农业科技领域的智慧和创造力。这些成就不仅推动了中国农业的发展，也为世界农业文明的进步做出了重要贡献。

3. 中国天文学

天文学在中国古代自然科学中占有举足轻重的地位，不仅起源甚早，而且成就斐然。中国古人对天文的观察和研究，深刻影响了文化、哲学的发展乃至日常生活。在诸多领域中，天象观测的精准、天文仪器的创新、历法的完善以及宇宙结构理论的构建，均体现了中国古代天文学的辉煌。

（1）天象观测

天象观测是中国古代天文学的基础。古人通过肉眼或借助简单工具，对日月星辰的位置、运动和变化进行长期而系统的观测。其中，对太阳、月亮和五星（金、木、水、火、土）的观测尤为精细，不仅记录了它们的出没方位和时间，还对其运行规律进行了深入探索。此外，对于彗星、流星、新星等天文现象，古人也有详尽的记载和分析。这些观测数据不仅为后来的天文研究提供了宝贵资料，也为历法的制定和修正提供了重要依据。

（2）天文仪器

在天文仪器方面，中国古代的成就同样令人瞩目。为了更精确地观测天象，古人创制了多种天文仪器，如浑仪、简仪、仰仪等。这些仪器结合了当时的数学、机械和光学知识，设计精巧，功能各异，例如，浑仪用于测量天体的赤道坐标，简仪则简化了浑仪的结构，提高了观测精度。这些天文仪器的发明和使用，极大地推动了中国古代天文学的发展。

(3) 历法

历法是天文学的重要组成部分,也是古代中国天文学的一大特色。中国古代历法种类繁多,如夏历、殷历、周历等,它们基于天象观测的数据,通过数学计算来确定年、月、日的长度以及节气等时间节点。其中,最为著名的历法当属《太初历》和《授时历》。《太初历》首次引入了二十四节气的概念,为农业生产提供了重要指导;《授时历》则采用了更为精确的天文数据和计算方法,成为当时世界上最先进的历法之一。这些历法的制定和应用,不仅促进了农业生产和社会生活的有序进行,也体现了中国古代天文学的高度发展水平。

(4) 宇宙理论

在宇宙理论方面,中国古代天文学家提出了多种学说和模型来解释天体的运行和宇宙的结构,其中最具代表性的是盖天说、浑天说和宣夜说。盖天说认为天是一个半球形的罩子,地是一个方形的平面;浑天说则认为天地都是球形的,天在外,地在内,天球围绕地球转动;宣夜说则主张天体是自由悬浮在虚空中的,日月星辰都各自独立运动。这些宇宙理论虽然与现代天文学理论存在差异,但反映了古人对宇宙奥秘的不懈探索和深刻思考。它们不仅丰富了中国古代天文学的理论体系,也为后来的天文学发展提供了重要的思想启示。

综上所述,中国古代天文学在天象观测、天文仪器、历法以及宇宙理论等方面都取得了举世瞩目的成就。这些成就不仅体现了古人对天文学的深刻理解和精湛技艺,也为中华文明的繁荣和发展做出了重要贡献。即使在今天看来,这些古代天文学的知识和智慧仍然具有宝贵的价值和意义。

4. 中国传统数学

中国,作为世界上数学历史最为悠久的国家之一,其数学的发展与社会生产、生活的进步紧密相连。自春秋战国时期起,中国的数学家们就在不断探索与实践,逐步建立起了一套独具特色的数学体系。在这套体系中,算术学、代数学、几何学和相关的数学著作构成了中国传统数学的四大支柱。

(1)算术学

算术学在中国古代数学中占有基础性地位。早在商周时期,我国就已经有了完善的计数系统,采用了十进制。随着时间的推移,算术运算不再局限于简单的加减乘除,还涉及更为复杂的分数计算、比例问题等,特别是在商业贸易日益繁荣的背景下,算术学的应用变得更为广泛。古人通过算术来解决日常生活中的实际问题,如土地的丈量、税收的计算以及商业交易中的找零等。这种与实际生活紧密相连的算术学,不仅推动了数学的发展,也促进了社会的经济交流。

(2)代数学

在代数学领域,中国古代数学家展现出了卓越的智慧。他们不仅解决了大量的线性方程和二次方程问题,还在解高次方程方面有着独到的见解。其中，《九章算术》等经典著作中记载了许多代数学的实例和解题方法。这些方法不仅在当时被广泛应用，而且对后世的数学研究产生了深远的影响。值得一提的是，中国古代数学家在解决代数问题时，注重从实际问题出发，通过数学建模来求解，这种方法论对现代数学和应用数学都有着重要的启示意义。

（3）几何学

中国古代的几何学以勾股定理为中心，形成了一套独具特色的理论体系。早在周朝时期，就有"勾三股四弦五"的记述，这是对勾股定理最早的文字记载之一。随着时间的推移，中国古代数学家在几何学领域取得了诸多成就。他们不仅深入研究了平面几何和立体几何的基本问题，还在图形的相似与全等、面积与体积的计算等方面取得了重要突破。这些几何学知识在实际生活中的应用也是极为广泛的，如用于建筑设计、土地测量等领域。

（4）数学著作

中国传统数学的辉煌成就，在很大程度上得益于一系列的数学著作。其中，《九章算术》无疑是最为著名的一部，该书系统总结了先秦至汉代的数学成果，内容涵盖了算术、代数、几何等多个领域。此外，《周髀算经》《孙子算经》等也是中国古代数学宝库中的瑰宝。这些著作不仅记录了大量的数学问题及其解法，还反映了古代数学家们的思维方式和研究方法。对于后世来说，这些数学著作不仅是学习的教材，更是研究中国古代科技文化的重要资料。

5. 中医药学

中医药学,作为中华民族传承千年的医学体系,以其博大精深的理论基础、精湛的医疗技艺以及浩如烟海的医学典籍,在世界医学之林中独树一帜。它不仅关注疾病的治疗,更强调身心的和谐与健康保养,体现了深厚的文化底蕴和人文关怀。

(1) 中医四大经典

中医四大经典指的是在中医发展史上起到重要作用、具有里程碑意义的四部经典巨著,对古代乃至现代中医都有着巨大的指导作用与研究价值。关于四大经典的具体组成,学术界存在争议,但一般将《黄帝内经》《难经》《伤寒杂病论》《神农本草经》视为中医四大经典。

《黄帝内经》是第一部以中华民族先祖"黄帝"之名传世的巨著,是我国医学宝库中现存成书最早的一部医学典籍。它深入研究了人的生理学、病理学、诊断学、治疗原则和药物学,建立了中医学上的"阴阳五行学说"、"脉象学说"、"藏象学说"、"经络学说"、"病因学说"、"病机学说"以及关于"病症"、"诊法"的论治,还涉及"养生学"和"运气学"等学说。其医学理论建立在我国古代道家思想的基础之上,反映了我国古代天人合一的哲学观念。

《伤寒杂病论》是一部论述外感病与内科杂病为主要内容的医学典籍,作者是东汉末年张仲景。原书失散后,经王叔和等人收集整理校勘,分编为《伤寒论》和《金匮要略》两部。《伤寒论》是一部阐述外感病及其杂病治疗规律的专著。全书重点论述人体感受风寒之邪而引起的一系列病理变化及如何进行辨证施治的方法。该书总结了前人的医学成就和丰富的实践经验，集汉代以前医学之大成，并结合作者自己的临床经验，系统地阐述了多种外感疾病及杂病的辨证论治，理、法、方、药俱全，在中医发展史上具有划时代的意义，起到了承先启后的作用，对我国医学的发展做出了重要贡献。具体来说，它不仅为诊治外感疾病提出了辩证纲领和治疗方法，也为中医临床各科提供了辨证论治的规范，从而奠定了辨证论治的基础，被后世医家奉为经典。《金匮要略》是作者原撰《伤寒杂病论》16卷中的"杂病"部分。经晋代王叔和整理后，其古传本之一名为《金匮玉函要略方》，共3卷：上卷辨伤寒，中卷论杂病，下卷记药方。后北宋校正医书局林艺等人根据当时所存的蠹简文字重新编校，取其中以杂病为主的内容，仍厘定为3卷，改名《金匮要略方论》。全书共25篇，载有方剂262首，列举病症60余种，所述病证以内科杂病为主，兼有部分外科、妇产科等病证。《金匮要略》也是我国现存最早的一部诊治杂病的专著，是仲景创造辩证理论的代表作。古今医家对此书推崇备至，称之为方书之祖、医方之经、治疗杂病的典范。书名中的"金匮"言其重要和珍贵之意，"要略"则言其简明扼要之意，表明本书内容精要、价值珍贵，应当慎重保藏和应用。

《难经》，原名《黄帝八十一难经》，共3卷，原题秦越人撰，但据考证，此书为一部托名之作，约成书于东汉以前（一说在秦汉之际）。《难经》是中国经典的中医理论著作，"难"含有"问难"之义，或作"疑难"解，"经"乃指《内经》，"难经"即"问难《内经》"。

《难经》全书内容简明扼要,辨析精微,在中医学典籍中常与《内经》相提并论,被认为是最重要的古典医籍之一,有多种刊本和注释本。

《神农本草经》,又名《神农本草》,简称《本草经》或《本经》,撰者不详,"神农"为托名。《神农本草经》是我国现存最早的药物学专著,是我国早期临床用药经验的第一次系统总结,历代被誉为中药学经典著作。其成书年代自古就有不同考证结果,有说成书于秦汉时期,也有说成书于战国时期,但原书早佚,现今所能看到的版本是后世辑录的结果。

(2)针灸疗法

针灸疗法是中医药学中独具特色的非药物治疗方法之一。它起源于远古时期,经过历代医家的不断发展和完善,逐渐形成了一套完整的理论体系和实践方法。

针灸疗法的核心在于通过刺激人体特定的穴位来调节气血运行,从而达到治疗疾病的目的。这些穴位分布在人体的各个部位,与脏腑经络密切相关。通过针刺或艾灸等手段,可以疏通经络、调和气血、平衡阴阳,从而恢复人体的正常生理功能。

针灸疗法在临床上具有广泛的应用范围,不仅可用于治疗各种急慢性疾病,如头痛、颈椎病、腰腿痛等,还可用于调节免疫系统、改善内分泌功能等。同时,针灸疗法还具有副作用小、效果显著等优点,深受患者喜爱。

在现代医学研究中,针灸疗法的疗效已经得到了广泛认可。越来越多的研究表明,针灸可以对神经系统、内分泌系统、免疫系统等产生积极的影响,从而改善人体的整体健康状况。随着中医药学的国际化发展,针灸疗法也在全球范围内得到了广泛的推广和应用。

四、传统民俗文化

(一)传统节日文化

"众所周知,我国的传统文化极为丰富,中国传统节日文化就是其中的重要组成部分,在中国传统节日文化中涵盖了我国丰富的历史文化内涵,传承发扬我国的传统节日文化,就是在传承中华美德,发扬中华民族的优秀文化。"[1]

1. 春节

庆祝除夕与春节,称为"过年",这是一年中最隆重、最热闹的传统节日。春节和年是两个概念,对"年"的界定,最早源自农业。在古代,人们将谷物的生长周期定义为"年"。到夏商时代,夏历产生,以月亮的圆缺作为周期定义出"月",12个月构成一年,而在每个月将不见月亮的一天称为"朔",岁首便是正月朔日的子时,也就是一年的开始。"年"这一概念开始于周朝,定型于西汉,此后延续至今。元旦在古时指正月初一,到中国近代辛亥革命胜利后,一些相关部门为了便于统计及顺应农时,规定在民间使用夏历,在

---

[1] 王平.中华传统节日文化的时代价值探究[J].产业与科技论坛,2021,20(8):71-72.

政府机关、厂矿、学校和社会团体中实行公历，以公历的1月1日为元旦，农历的正月初一称春节。

中华民族春节的礼仪种类繁多、内容丰富、庄重、含蓄，是非常珍贵的传统。

（1）扫尘

扫尘是春节的第二项俗礼。据《吕氏春秋》记载，在尧舜时期，中国便有春节扫尘的风俗。"尘"与"陈"谐音，春节扫尘具有除旧迎新之意，人们希望将晦气一扫而光。因此，每到春节来临前，家家户户都会开始大扫除，将房间的一切打扫干净，包括院子的角角落落，然后便在干净整洁的环境中欢度春节。

（2）贴春联

中国特有的一种文学形式是春联，春联精巧、简洁，多采用对仗手法。到了春节，家家户户会将春联贴在门上，用来烘托节日气氛。春联起源于桃符，真正普及是在明代，最初的春联写在桃木板上，后来写在纸上。春联一般用红纸来书写，最主要的原因在于桃木颜色是红色，红色具有辟邪、吉祥之意；庙宇一般用黄纸书写；守制三年，一般依次用白纸、绿纸、黄纸书写，期满后用红纸。比较独特的是，清宫廷多使用白纸，外边被蓝纸包裹，里边嵌入红条。

此外，民间还有将各种剪纸贴在窗户上的习惯。窗花是一种民间艺术，可为节日增添气氛，兼具实用性、可观赏性及装饰性。

（3）除夕

每年农历腊月的最后一天的晚上，称之为除夕，它与春节首尾相连。"除夕"意即将过去的事物扫除，期盼新一年的来临。故此期间的活动都以除旧布新、消灾祈福为中心。

2. 清明节

清明节，又称踏青节、行清节、三月节、祭祖节等，在每年4月4日至6日之间，是祭祀、祭祖和扫墓的节日。清明源自上古时代的祖先信仰与春祭礼俗，兼具自然与人文两大内涵，既是自然节气点，也是传统节日。在祭祖扫墓之外，清明节还有插柳、踏青等习俗。

（1）插柳

自宋元时期以来，清明节最为盛行的风俗是插柳。插柳习俗据说是为了纪念"教民稼穑"的农事祖师神农氏。这种习俗也与避免疾疫有关，随着春季气温渐暖，容易出现大量的病菌，囿于当时医疗条件，人们将柳枝作为驱虫避害的方式。

（2）踏青

踏青是清明节的又一习俗。清明前后，气候宜人，人们开始走出家门，走向田野，在踏青时舒展筋骨，欣赏大自然之景。宋代踏青之风盛行，据宋朝周密《武林旧事》记载："清明前后十日，城中士女艳妆饰，金翠琛缡，接踵联肩，翩翩游赏，画船箫鼓，终日不绝。"北宋著名画家张择端的《清明上河图》，极其生动地描绘了宋代清明时节东京（今河南开封）百姓踏青远足的热闹情景。

（3）放风筝

在清明时节，人们另一种喜闻乐见的活动是放风筝。不管黑夜白昼，人们总会将风筝放飞到空中，有的人将在风筝下或风筝拉线上挂上一串串彩色的小灯笼，像闪烁的明星，因此被称为"神灯"；有的人把风筝放上蓝天后，便剪断牵线，任凭清风把它们送往天涯海角，据说这样能除病消灾，给自己带来好运；也有人在放风筝时，把所有的烦恼写在纸上，让它随风筝飞上蓝天，寓意一切烦恼都会随风而去。

3. 端午节

端午节，又称端阳节、龙舟节、重午节、重五节、天中节等，是我国的传统节日，日期在每年农历五月初五，是集拜神祭祖、祈福辟邪、欢庆娱乐和饮食为一体的民俗大节。据说端午节源于自然天象崇拜，由上古时代祭龙演变而来。民间一般认为端午节是为了纪念屈原。端午节的习俗有赛龙舟、吃粽子、插艾等。

（1）赛龙舟

端午节最重要的习俗是赛龙舟。这一习俗据说起源于战国时期，是当时的楚国人为祭奠报国投江的屈原而进行的活动，很多人在江面上划船追赶，借划龙舟驱散江中之鱼，以免鱼吃掉屈原的身体，直到洞庭湖不见了屈原的踪迹，后来人们便将这种缅怀屈原的活动定在每年五月五日。随着时代的发展，赛龙舟除了纪念屈原外，还有更多的寓意，比如江浙地区的划龙舟，是对民国时期女英雄秋瑾的纪念；不同地域的民族，有着不同的划龙舟传说，常听到的"龙船节"，便是贵州苗族特有的庆祝活动，一般在农历五月二十四日至二十七日这一时间段举行；再比如云南傣族为纪念古代英雄岩红窝举行的泼水节赛龙舟。直到今天，在南方靠近江河湖海的大多地区，每年端午节都会举行富有特色的龙舟竞赛活动。

（2）吃粽子

吃粽子是中国人民过端午节的另一个传统习俗。粽子的历史源远流长，最早见于春秋时期。相传，粽子的雏形是"角黍"，使用的材料是菰叶（茭白叶），将黍米包成牛角状，然后使用竹筒装米密封烤熟，称"筒粽"。后来到了东汉末年，出现"碱水粽"，这种粽子的制作工艺是先用草木灰水浸泡黍米，然后用菰叶包黍米成四角形进行蒸煮。西晋周处《岳阳风土记》记载："俗以菰叶裹黍米……煮之，合烂熟，于五月五日至夏至啖之，一名粽，一名黍。"杂粽形成于南北朝时期，除了自己享用，还可用于送礼，所谓杂，指的是粽子里边掺有红枣、赤豆、肉、板栗等食材。到了唐代，粽子的用米已"白莹如玉"，其形状出现锥形、菱形。宋朝时，有了"蜜饯粽"，即以果品入粽。诗人苏东坡有"时于粽里得杨梅"的诗句，到了元明时期，粽子的外包装发生变化，从原来的菰叶变革为箬叶，后来又有芦苇叶包的粽子，另外还有枣子、胡桃、豆沙、猪肉、松子仁等附加料，粽子品种各式各样。如今，我国每年的端午节，人们会发挥各自的手工优势包粽子，从浸糯米、洗粽叶到包粽子，呈现出浓厚的节日气氛。千百年来，包粽子的传统不断传承创新，甚至影响至朝鲜、日本及东南亚诸国。

（3）悬艾叶和菖蒲

端午节中最为重要的过节方式是插艾和菖蒲。这一天，家家户户将菖蒲、艾条插于门上，将各自庭院打扫干净，然后采用艾叶、龙船花、榴花、蒜头、菖蒲等材料制作艾人、艾虎，或者花环、佩饰等，这些物品散发的芬芳，深得妇女的喜爱。所谓的艾，原名叫家艾、艾蒿，可产生浓郁的香味，能起到净化空气、驱蚊蝇虫蚁的效果。中医认为用艾作药，可起到祛寒湿、暖子宫、理气血的功效。此外，艾还可作为灸法治病的重要药材，比如把艾叶加工成"艾绒"。菖蒲是多年水生草本植物，也可作提神通窍、健骨消滞、杀虫灭菌的药物。可见，古人插艾和菖蒲有一定防病作用。端午节也是自古相传的"卫生节"，人们在这一天洒扫庭院、挂艾枝、悬菖蒲、洒雄黄水、饮雄黄酒以求激浊除腐、杀菌防病。这些活动也反映出中华民族的优良传统。

4. 中秋节

中秋节，又称月夕、秋节、仲秋节、八月节、八月会、追月节、玩月节、拜月节、女儿节、团圆节，是流行于全国众多民族中的传统文化节日。因其恰值三秋之半，故称"中秋节"。据说此夜月亮最大最圆最亮，故从古至今人们都有中秋之夜饮宴赏月的习俗。中秋节起源于上古时代，普及于汉代，定型于唐朝初年，盛行于宋朝以后。中秋节源自对天象的崇拜，由上古时代秋夕祭月演变而来。

中秋节有赏月、吃月饼等习俗。

(1) 赏月

在中秋节,中国自古就有赏月的习俗,据《东京梦华录》记载:"中秋夜,贵家结饰台榭,民间争占酒楼玩月。"在这一天,京城的所有店家、酒楼都要重新装饰门面,在牌楼上扎绸挂彩,出售新鲜佳果和精制食品,夜市热闹一片;百姓们登楼台、赏明月、摆家宴,全家团圆,欢乐非凡。到了明清,中秋节赏月风俗依旧,许多地方已形成走月亮、舞火龙、烧斗香、树中秋、点塔灯、放天灯等特殊风俗。

(2) 吃月饼

吃月饼是中秋节的另一习俗。月饼的历史悠久。相传在我国古代便有春天祭日、秋天祭月的礼制,而月饼最初是用来祭奉月神的祭品,后来人们逐渐把中秋赏月与品尝月饼,作为家人团圆的象征,月饼逐渐成了中秋节必不可少的食物。在殷周时期,江浙一带有一种纪念太师闻仲的边薄心厚的"太师饼",据说这是我国月饼的"始祖"。在汉代时期,张骞出使西域时,引进芝麻、胡桃,为月饼的制作增添了辅料,这时便出现以胡桃仁为馅的圆形饼,名曰"胡饼"。到了近代,出现了专门制作月饼的作坊,月饼的制作也越来越精细,其馅料考究,外形美观,在月饼的表面还印有各种精美的图案。人们以月之圆喻人之团圆,以饼之圆喻人之心愿,这凸显了中秋节深厚的文化意义。

（二）中华服饰文化

中华服饰内涵丰富，形式多样，具有浓郁的民族元素，反映出劳动人民对美好生活的向往，因此，从中华服饰文化中能够看出中国人的审美情趣、心理特征、道德风尚以及当时的社会制度。它所展示的不仅是民族外在的标志，更是一种经过积淀的文化心态，具体如下：

第一，幸福、吉祥是中国人民对美好生活的追求，这种追求也体现在服饰中。过春节时，给小孩穿虎头鞋、戴虎头帽，寓意着孩子能健康成长；在结婚新人的衣物上缝制鸾凤和鸣、凤栖梧桐的图案，祝福夫妻百年好合、恩爱一生。

第二，中国古代服饰有鲜明的等级元素，主要作用是分尊卑、别上下。例如，黄袍、冕旒、龙袍、补服、乌纱帽、布衣等服饰，代表了不同的等级。这种等级制度下的服装文化，延续了几千年，也将中国人对服饰的态度变得高度自觉，在此影响下，当今许多人对不合身份的衣服仍有一种天然的抵制心理。

第三，服饰能体现出一个人的审美情趣，是一个人品格的外化。俗话说"君子以玉比德"，由此可知，人们对衣着服饰的讲究。人们一般认为一个人穿着淡雅、正统的服饰，意味着该人端庄、成熟、富有修养。

第四，中国服饰和礼制思想关联紧密。在《舆服志》一书中详细记载了天子、官员祭祀时的着装；在《礼诏》中也详细地描述了各种繁杂的服饰礼节。在古代，人们对婚丧嫁娶时的穿着有严格的规定,分为吉服、祭服、丧服等,它们有不同的说法和规矩,例如"父母存,冠衣不纯素。孤子当室,冠衣不纯采"的说法,因为红色是中国的喜庆色,黑、白代表着哀,象征不吉利,如果衣服穿错了颜色,就会被人视为无礼。

(二)中华饮食文化

中国的饮食文化经过几千年的积淀,形成了自己的特色,根据地域的不同形成了多种菜系,各具特色,随着制作过程的成熟,也随之产生饮食中相应的风俗习惯、礼仪规范以及思想观念等。

1. 中华传统饮食的类型

中国的传统饮食主要以蔬菜为辅食、五谷为主食并添加一些肉食,但总体上还是选择素食要多于肉食,因此,传统饮食还是以植物性为主。其中,五谷是指稻、稷、黍、麦、菽。自先秦时期,人们就学会了煮米饭,有"煮米使糜烂"的史料记载;晋代时期,人们创造了发酵技术,研制出面点,最早的面点就是馒头;自隋唐以来,面点工艺逐渐成熟,出现了百味俱全、各式各样的面点。中国人饭桌上最常见的是米饭、粥、馒头和蔬菜。中国人种植蔬菜要追溯到原始农业时期,发展至今天,蔬菜的品种数以百计。对于肉食而言,人们主要选择猪、马、牛、狗、羊、鸡等。在《孟子·梁惠王上》中就有"鸡豚狗彘之畜,无失其时,七十者可以食肉矣"的记载。时至今日,中国人饭桌上的肉食很常见,但和西方国家的饮食相比，饮食结构中肉类食品所占的比重依然较少。中原地区农业生产的经济生产方式是形成这一饮食习惯的主要原因。但是受到社会制度的影响，不同的社会阶层有不同的事物配置比例，"肉食者"一般就是指古代在位者。

以热食与熟食为主也是中国人饮食习俗的特点之一。当然这与中国较早的文明开化程度、发达的烹调技术有密切的关系。在古人看来："水居者腥，肉臊，草食即膻。"热食和熟食能够"灭腥去臊除膻"。中国人对于食物的味道有很强烈的追求，调味品种类多样，例如糖、油、酱、盐、醋、葱、蒜、姜、椒等，都是各家厨房中必备的调味品。中国饮食中，豆类占据的比重很大，人们一般通过不同的加工工艺，将豆类研制成菜品和调味品，比如豆腐干、豆腐、腐皮、豆芽、豆油和酱油等，这也是中国饮食文化独特的发明。

2. 中华饮食习俗的特点

在原始时期，人们最开始不会利用工具，而是用手捧水，用手抓食，后来学会利用简陋餐具。自奴隶社会后，据史料"初在地者一重即为之筵，重在上者即为之席"记载，人们的饮食文化中出现筵席，其中席、筵都是用芦苇编织而成，席铺在筵上。宴会上，食物摆放在筵上。古人跪坐在席上，双膝朝下跪坐，俯身就餐。最原始的成型餐具有鬲、鼎、爵等，它们有三或四个高足，随着时间的推移，高足逐渐被矮小的几案所替代；东汉时期，席被床榻所代替，床榻的设计同样低矮；在唐宋时期，人们发明了桌椅，从此以后，人们的饮食开始在桌椅上进行。

　　聚食制是一种很古老的饮食方式,是中国人饮食文化的一大特色。从大量的文化遗址中可以看到,在古代,做饭和吃饭都是在同一个空间内进行的,做饭的地方大多是位于住宅的中央,屋顶上有专门出烟的天窗,下边点上篝火,在火上做饭,吃饭的人直接围坐在篝火的周围进行聚食。这种习俗流传至后世,形成了中国人饮食文化的典型特征之一,即共饮共食。大家在一起就餐,分享同一盘菜,加深了彼此间的情感交流。但从卫生层面来看,共饮共食易传播疾病,分餐制比聚食制干净卫生。然而中国人向来重视血缘亲疏,具有十分浓烈的家庭观念,聚食制在漫长的历史中得以留存,很大程度上是受到这种观念的影响。

　　筷子是中国非常具有代表性的饮食工具。在古代,人们将筷子称作箸,"饭黍无以箸"出自殷商时期《礼记》的记载,也就是说至少在那个时期,中国人就已经将筷子作为食具了,可见其历史之长。筷子在材质上一般以竹子为主,不但使用起来易于操作,而且造型简单,成本低。在欧美人看来,东方人对于筷子的灵活运用简直就是一种艺术创造。事实上,中国是东方诸国中最先发明并使用筷子的国家,这也是人类文明的一种表现。

第三章 中华优秀传统文化的现代传承探究

一、中华优秀传统文化传承的现实状况

中华的传统文化可以说是丰富且有内涵，因为中华文化承载的是整个中华上下五千年的发展精华，这对于整个中华民族而言是一份弥足珍贵的精神财富。当前，我国正面临着挑战与机遇并存的形势，全球经济、文化高度融合、碰撞的时期，也是中华文化快速发展、我国一举步入世界文化强国的重要战略机遇期。

（一）中华优秀传统文化传承的意义体现

中华优秀传统文化，源远流长，博大精深，它承载着中华民族的智慧与记忆，是中华民族的瑰宝。在现代社会中，对于中华优秀传统文化的传承显得尤为重要，它不仅具有深厚的历史意义，而且具备不容忽视的现实意义。

1. 中华优秀传统文化传承的历史意义

中华优秀传统文化传承的首要意义在于对历史的尊重与传承。历史是一个民族的精神家园，是一个国家文化的根基。对中华优秀传统文化的传承，就是对中华民族悠久历史的传承和延续。

这种传承不仅是对先人智慧的继承，更是对中华民族精神的弘扬。通过传承中华优秀传统文化，我们能够更好地理解和把握中华民族的历史脉络，从而增强对民族文化的自信心和自豪感。

同时，传承中华优秀传统文化也是对文化多样性的维护。在全球化的背景下，各种文化相互交融、碰撞，文化多样性面临着前所未有的挑战。传承中华优秀传统文化，不仅有助于维护文化多样性，还能够为世界文化的繁荣发展做出贡献。通过传承中华优秀传统文化，我们能够更好地展示中华民族的文化魅力和独特价值，推动世界各种文化的交流与互鉴。

2. 中华优秀传统文化传承的现实意义

首先，其意义体现在增强民族认同感和凝聚力方面。在当今社会，民族认同感和凝聚力对于一个国家的稳定和发展具有重要意义。传承中华优秀传统文化，能够增强人们的文化自信心和归属感，使人们在文化上形成共识和认同，这种共识和认同有助于增强国家的凝聚力和向心力，从而推动社会的和谐稳定与发展。

其次，传承中华优秀传统文化有助于推动经济社会发展。中华优秀传统文化中蕴含着丰富的哲学思想、道德观念、价值观念等，这些思想、观念对于现代社会的发展具有重要的指导意义。通过传承中华优秀传统文化，我们能够汲取其中的智慧与力量，为经济社会发展提供精神动力和智力支持。同时，传承中华优秀传统文化还能够促进文化产业的发展和创新，为经济增长注入新的活力。

第三章 中华优秀传统文化的现代传承探究

最后，传承中华优秀传统文化有助于培养具有全球视野和创新能力的人才。在全球化的时代背景下，具有全球视野和创新能力的人才对于国家的发展至关重要。传承中华优秀传统文化能够培养人们的文化自觉和文化自信，使人们具备更加开阔的视野和更加深厚的文化底蕴。这种文化底蕴有助于人们更好地理解和适应全球化的趋势和挑战，从而培养出具有全球视野和创新能力的人才。

（二）中华优秀传统文化传承面临的困境与挑战

中华优秀传统文化，作为中华民族的精神瑰宝，历经数千年风雨，依然熠熠生辉。然而，在全球化浪潮和现代化进程的冲击下，这一宝贵遗产在传承与创新的过程中也遭遇了诸多困境与挑战。

1. 非物质文化遗产传承人减少：技艺与智慧的流失

在中华优秀传统文化中，非物质文化遗产占据着举足轻重的地位。这些非物质文化遗产，如传统戏曲、民间工艺、中医针灸等，不仅体现了中华民族的智慧与创造力，更是中华民族文化自信的源泉。然而，随着时代的变迁，部分非物质文化遗产的传承人逐渐减少，技艺与智慧面临流失的风险。

一方面，现代生活节奏加快，许多年轻人对传统文化缺乏兴趣，导致传承人才匮乏；另一方面，一些传承人因年龄、身体等原因逐渐退出舞台，而他们的技艺与智慧却未能得到充分的传承与发扬。这种传承人减少的现象，不仅影响了非物质文化遗产的传承，也削弱了中华民族的文化自信。

2. 传统文化传承机制不够完善：制度保障的缺失

在传承中华优秀传统文化的过程中，机制的完善至关重要。然而，当前传统文化传承机制仍存在诸多不足，如政策扶持不够、资金投入不足、人才培养机制不健全等。这些不足导致传统文化在传承过程中缺乏必要的制度保障，难以形成有效的传承机制。

首先，政策扶持不够。尽管政府已经出台了一系列政策措施来支持传统文化的传承与发展，但这些政策在实际执行过程中往往存在落实不到位、执行力度不足等问题。这导致许多传统文化项目在面临困境时无法得到及时有效的支持。

其次，资金投入不足。传统文化的传承与发展需要大量的资金投入，包括人才培养、项目扶持、宣传推广等方面。然而，当前政府在传统文化领域的投入仍然有限，难以满足传统文化传承与发展的实际需求。

最后，人才培养机制不健全。传统文化的传承需要一支专业、高素质的人才队伍。然而，当前传统文化人才培养机制尚不完善，缺乏系统的培养体系和有效的激励机制，导致人才流失严重，难以形成稳定的传承力量。

3. 传统文化知识产权保护意识不强：权益受损的困境

在传承中华优秀传统文化的过程中，知识产权保护问题不容忽视。然而，当前对传统文化知识产权的保护还不够，导致传统文化权益受损的现象时有发生。

一方面，由于传统文化知识产权的法律保护体系尚不完善，许多传统文化成果容易被盗用、侵权。这不仅损害了传承人的利益，也削弱了传统文化的创新动力。另一方面，社会对传统文化知识产权的尊重和保护意识不足。许多人在使用传统文化成果时缺乏必要的授权和付费意识，导致传统文化成果的商业价值无法得到充分体现。这种不尊重知识产权的行为不仅损害了传承人的利益，也影响了传统文化的传承与发展。

4. 传统文化产品缺乏竞争优势：市场环境的挑战

在全球化和现代化的冲击下，传统文化产品面临着日益激烈的市场竞争。传统文化产品自身存在的一些不足，如创新不足、品质参差不齐等，导致其在市场中缺乏竞争优势。

首先，传统文化产品创新不足。许多传统文化产品在设计、制作等方面缺乏创新，难以满足现代消费者的需求，这导致传统文化产品在市场中难以脱颖而出，难以形成有效的市场竞争力。

其次，传统文化产品品质参差不齐。传统文化产品的制作过程复杂、技艺要求高，导致一些商家为了追求利润而降低成本、简化工艺，使得产品的品质无法得到保障。这种品质参差不齐的现象不仅影响了消费者的购买体验，也削弱了传统文化产品的市场竞争力。

5. 外来文化的冲击：文化多元性的挑战

在全球化的背景下，外来文化不断涌入中国，对中华优秀传统文化产生了一定的冲击。这种冲击不仅体现在文化产品、文化服务等方面，更体现在人们的价值观念、生活方式等方面。

首先，外来文化的涌入使得人们在面对多元文化时产生了困惑和迷茫。一些人盲目追求外来文化，忽视了中华优秀传统文化的价值和意义，这种文化自卑心理不仅削弱了民族的文化自信，也影响了传统文化的传承与发展。

其次，外来文化的冲击也加剧了文化市场的竞争。一些外来文化产品凭借其新颖的设计、独特的创意等优势在市场上获得了成功。这导致一些传统文化产品在市场中处于劣势地位，难以获得足够的关注和认可。这种竞争压力不仅影响了传统文化产品的市场地位，也削弱了传统文化的传承力量。

二、中华优秀传统文化传承的内在逻辑

中华优秀传统文化凝结了从中华民族的漫长发展历史进程中产生和积淀至今的世界观、人生观、价值观和审美观等诸多思想文化精髓，传统文化中的重要元素也承载了中华民族的基本文化观念。

（一）中华优秀传统文化传承的逻辑起点——"人"

中华优秀传统文化传承的逻辑起点在"人"，而这里的"人"

是指真正意义上的"人",也就是说,人先天具有人的本性,人与动物有着本质的区别,但更重要的是,"人"还是文化意义上的"人"。这就说明,人性只有在社会文化环境中才能够显现,且人才能成为人。从这个意义上看,人是文化化的人,人与文化有着内在勾连。文化对个体以及民族来说有着不可替代的价值意义,其除了是个体人的存在形式,还是一个民族安身立命的精神基石。不同民族的文化标识虽各不相同、各具特色,但同时,这些标识也是民族划分的显著依据。文化回答了"我是谁"这一终极问题,文化是个体自由属性的外在表现,它来源于人类的智慧与创造力,也能够不断地激发人类的潜能,使人类更好地实现自身的价值,从而成为一种独特的文化存在。

在现实生活中,个体与世界之间的关系问题也需要通过文化来进行调和。个体活动、社会发展以及个体与自然、个体与社会之间的关系,都需要遵循物质活动的基本规律,包括必然的、超越人类存在的自然规律和社会规律。因此,人们还需要学习并理解文化的发展变化规律。尽管文化规律与物质活动规律有所不同,但文化并非超越人类而存在,它更加贴近个体的内心世界。因此,仅仅依靠物质驱使个体行为是不足够的,还需要借助人文活动来启发、促进个体的自主思考,唤醒和协调个体的情感欲望需求,从而达到以文化人的目的。文化是人的存在形式,是人们为了存在和进步而渐渐产生的一系列生存方式。人与文化结合以后才算得上是一个有人的全面本质的人。人作为社会的主体,也是文化的载体。文化是"人化",

即它是人的主体性或本质力量的对象化；文化是"化人"，即其可以教化人、塑造人、熏陶人。人是文化的创造者，也是文化的创造物。文化世界是由人类创造的，然而，人类在产生新的经验时需要有文化背景作为支撑，从这个意义上来说，文化世界是一种先于个人经验的存在，且这个世界一经建立，它的形成过程及其含义功能也就"不为尧存、不为桀亡"，转而会成为一个超越有机体的文明世界，存在于全部人类社会群体的精神生命、历史活动当中。显然，人与动物有着明显区别，人能够创造出一个文化世界，而这个世界又会反过来影响人。故此，人不仅是自在的动物，而且是自为的动物。动物能为自己的生存而活动，但是，它们却不能自觉地认识自己的存在。由于人类创造了文化，使自己和动物王国脱离开来，才会对自己的存在产生疑问。人类从野蛮蒙昧中刚刚走出来的时候，所面临的两大问题就是"我是什么"和"我从哪里来"，正是这样的问题，使人把自己和客观世界区别开来。"人"的本质之所以会带来诸多困扰，是因为其并非是一成不变的抽象之物，它本身就是一个随着文化的发生发展而不断发生发展的逻辑范畴。每个时代、每个民族对人的本质的认识都具有该时期、该民族的文化特点，但是更具有人之为人所共有的跨时空的特质。

中华优秀传统文化，尤其是儒家文化，特别注重社会文化环境对人所产生的潜移默化作用，注重"化"人。《荀子》中就有不少关于"化"的论述，主要是强调社会文化环境对人所产生的潜移默化作用。荀子曾言："夫人虽有性质美，而心辩知，必将求贤师而

第三章 中华优秀传统文化的现代传承探究

事之,择良友而友之。得贤师而事之,则所闻者尧舜禹汤之道也;得良友而友之,则所见者忠信敬让之行也。身日进于仁义而不自知也者,靡使然也。今与不善人处,则所闻者欺诬、诈伪也,所见者污漫、淫邪、贪利之行也,身且加于刑戮而不自知者,靡使然也。"荀子还指出,"注错习俗,所以化性也","习俗移志,安久移质"。应该说,随着文化环境的变化,人的观念、性格、行为习惯等也会有悄然变化,甚至连人的本性也可能变化。

中华优秀传统文化从产生、传播到稳定,需要以现实中的"人"为承载体,"文化,或者用不那么专门的字眼——传统,绝不外在或独立于由共同生存的个人所组成的社会。文化价值不是从天而降地对历史进程发生影响的,它是一种基于人的观察而产生的抽象。"[1] 中华优秀传统文化之所以得以传承延续,离不开生活在其中的民众百姓。民间有许多人也许没有读过《论语》,但也知道"不耻下问""三人行,必有我师""温故而知新""和为贵""四海之内皆兄弟""温良恭谦让""生死有命,富贵在天""食不语,寝不言""君子坦荡荡"等社会规范与文化习俗。对他们来说,这些道理不是从书本上得来的,而是从相互的交往言谈中、从他人的生活方式和生活习惯中得来的。中国古代社会,很多普通百姓没有机会读"四书五经",但这并不影响个体素养的发展,因为这些经典著作的为人处世观念、原则、规范已融合到日常生活方式和生活习惯的方方面面,能够潜移默化地影响人。

---

[1] 巴林顿·摩尔. 民主和专制的社会起源[M]. 拓夫,张东东,等,译. 北京:华夏出版社,1987:391-395.

（二）中华优秀传统文化传承的内在理脉——"异代可同调"

谢灵运曾作诗两句："谁谓古今殊，异代可同调"，此可谓中华优秀传统文化传承的内在理脉。中华优秀传统文化的核心理念为"仁"，"仁"者，人也，对此，张岱年先生说："中国文化的优秀传统有丰富的内容，其中最主要的是两个基本思想观点：一是人际和谐，二是天人协调。"他进一步总结道："中国文化的优秀传统的核心是关于人生意义、人生价值、人生理想的基本观点，可以称为人本观点。"[1]而这也是人类社会的永恒主题与话题。具体而言，在人类历史的发展过程中，不同时代会有其特殊问题，但也会有共同的困境、困惑，尤其是当人类进入文明文化社会以后，面临着处理天与人、人与人、人与社会、人与自然以及人的身与心的关系的挑战，会有更多相同或相似的需求、渴望及困惑。在这样的情况下，我们积累了许多解决这些难题的共同经验，这就是中华优秀传统文化为我们留下的最珍贵的遗产。精神分析学是一门直至20世纪才开始崭露头角的新兴学科，其诸多观点实际上承袭自古代的诗人与哲学家。这些先知先觉者拥有丰富的古生物学和人类学知识，为了深度探究原始民族与现代西方人在心灵内涵上的异同，他们造访了多个原始民族，与当地人民共同生活，从中汲取了大量的经验知识，也充实了他们自身的精神世界。此外，他们还通过撰写和整理这些知识的著作，使得古老的智慧和启示在现代社会重新焕发出勃勃生机。

文化是在长期的历史发展中形成的，价值体系是社会文化的关

---

[1] 张岱年．谈谈中国传统文化[J]．河南林业，1998（4）：27．

键，其具有相对稳定的特点，是决定不同文化自身本质的核心要素。具体来说，文化是人类创造的被赋予象征意义的所有产品的复合整体，包括物质产品、观念思想以及习俗、体制等。一种文化在历史演进中会经过诸多的变化，针对某些特定的主题，或许还会出现差异悬殊的时代解读，但是，我们一般都可以将之归结为一种文化传统，因为这些差异、改变当中包含着一脉相承的价值意蕴。各文化价值系统具有相对稳定性的原因在于，价值系统在很大程度上是与人类的原始心理倾向相联系的。人类共同的原始心理倾向在不同地理环境、生产活动和历史发展中逐渐获得不同内容，通过代际相传影响人类的心理结构，从而形成了价值系统并逐渐趋于稳定。另外，文化世界具有总的稳定价值体系。全球各族人民生活在不一样的自然环境中，对外界事物的价值思维与认知方式也不同，由此而形成的民族文化也不尽相同，不同文化世界的风俗、习惯、伦理、文学、艺术、哲学、语言、制度等构成了一种稳定的文化价值体系。这种体系不仅超越了个体人的心理，也超越了个别时代，尤其是文化价值体系中的根本精神，是不会轻易因为个别时代、个别人物而改变的，它们可以跨过时代、超越种族，甚至可以成为人类社会的永恒。

中华优秀传统文化具有"文治与教化"的意义，西汉的刘向提出："凡武之兴，为不服也，文化不改，然后加诛。"因此，"人文化"和"理性化"就被视为文化的具体体现。"伦理道德"被认为是中国传统社会文化建设的重中之重，它不仅是一种精神支柱，更是一种实践指南，它能够激发人们的自觉行动，提升人们的品德素养，从而促进中国的社会进步。孔子将"爱亲"作为"仁"的基石,创造出了一套完整的、与之相适应的生活准则。那么什么是"仁"呢?孔子对此的回答是:"爱人"。在孔子看来,"仁"是一种关怀他人的慈悲心态,它是由"爱亲"开始的,进而由爱亲而推广至爱他人、爱全社会。他认为,没有仁慈的心态,人们将无法成长为真正的君子。孔子提倡"志—学—思—行"的修养方式,并以此作为自我修养的指导。两千多年来,这一系列的传统美德一直深深地植根于中华文化中,成就着一种具有崇高人格的文化精髓。它不仅仅是一种思想资源,更是一种精神力量,激励着中国人追求更美好的人生。中华优秀传统文化把社会治理与个人教化结合起来,提倡和谐共容、求同存异,这使得中国人能够拥有一个独属于自己的、充满活力的精神空间。同时,中华优秀传统文化是中国德治智慧的基础,也是中华文明延绵不绝的核心。

历史的进步不仅仅局限于一个时期,而是一个复杂的进化进程。社会之所以发展至今,脱离不了历史的积淀,历史的积淀为社会提供了源源不断的发展动力,历史和社会也正是在这种循环往复当中不断前行、不断进步的。

中华优秀传统文化是在中华民族特定的历史条件下产生的一种带有包容性、完整性、开放性、民族性的总体文化系统。在以仁爱、民本、和合、大同等核心思想为标准的条件下,通过全面地梳理、整合中华传统资源,能够增进当代对传统文化中的价值理念、行为规范等的理解,全方位地展示其社会意义与时代风采,为当今社会人类生活所面临的各种困难提供解决方案。

（三）中华优秀传统文化传承的强大融合"基因"

中华优秀传统文化是一种由多民族共同创造的文化遗产，它以儒家学说为核心，具有深厚的文化底蕴和丰富的情感色彩，其所蕴含的共同价值观是文化共同体的根基和支柱。

在历史的长河中，不同族群基于共同的文化基础，相互借鉴、融合，形成了稳定的国家文化共同体。这种融合不仅体现在思想观念的交流上，也体现在艺术、科技、生活习俗等多个方面，共同推动着中华文化向前发展。

中华优秀传统文化所蕴含的文化价值，体现了文化多元的共性，同时也是中华民族的精神支柱。它激励着中华儿女不断追求真理、探索未知，推动着社会的进步和文明的演进。这种文化价值在当下依然具有强大的生命力，为我们提供了宝贵的精神财富。

从文化整合力的角度来看，中华优秀传统文化具有强大的整合力、融合力和辐射力。历史上的"三教合流"便是一个典型的例证，展示了中华文化在融合不同思想体系方面的独特魅力。这种整合力使得中华文化能够在多元文化交流中保持自身的独特性和稳定性，同时也为其他文化提供了借鉴和启示。

在对待外来文明的态度上，中华优秀传统文化表现出了既不盲目拒绝也不盲目认同的理性态度。它善于吸收外来文化的优秀元素，同时也能够根据自身的发展需要进行筛选和调整，以适应社会环境的变化。这种开放包容的态度使得中华文化能够不断吸收新的养分，焕发出新的生机。

地域的广阔性对中华优秀传统文化的形成和发展产生了深远影响。基于广阔的大陆地理环境，中华文化经历了南北交汇与东西方文化的交流碰撞，沉淀出了独特的文明精华。这种地域特色使得中华文化具有鲜明的个性魅力，也为世界文化的多样性做出重要贡献。

在推进文化创新和发展的过程中，我们需要坚持对文化精髓的传承和发扬，这包括深入挖掘历史渊源、理解文化价值、尊重传统习俗等方面。同时，我们也需要以开放的心态对待外来文化，积极吸收其优秀元素，为中华文化的创新和发展注入新的动力。

三、中华优秀传统文化传承的路径选择

随着时代的进步与发展，社会意识、人们的观念和科学技术也在发生着日新月异的变化，这对中华优秀文化传承的路径选择提出了新的要求。

（一）明晰传承的总体要求

在传承中华优秀传统文化的过程中，我们需要明确一些总体要求，以确保传承工作的正确方向和有效性。

第三章 中华优秀传统文化的现代传承探究

1. 体现传承客体的原真性

原真性是文化传承的重要原则,它要求我们在传承过程中尽可能地保持传统文化的本质特征和核心要素。对于中华优秀传统文化而言,其原真性主要体现在以下几个方面:

尊重历史事实。在传承过程中,我们要尊重历史事实,避免对传统文化进行歪曲或篡改;要深入挖掘传统文化的历史内涵,还原其真实面貌。

保留核心要素。传统文化中蕴含着丰富的思想、道德、艺术等要素,这些要素是传统文化的核心和灵魂。在传承过程中,我们要保留这些核心要素,确保传统文化的独特性和价值。

传承经典文本。经典文本是传统文化的重要载体,它们记录了传统文化的精髓和智慧。在传承过程中,我们要传承这些经典文本,让它们在新的时代里继续发挥作用。

2. 体现传承主体的积极性

传承主体是文化传承的关键力量,他们的积极性对于传承工作的成效至关重要。为了激发传承主体的积极性,我们需要采取以下措施:

加强宣传教育。通过宣传教育,提高人们对传统文化价值的认识,激发人们参与文化传承的热情和积极性。

建立激励机制。建立完善的激励机制,对在文化传承中做出突出贡献的个人和团体给予表彰和奖励,激发他们继续传承传统文化的动力。

拓宽参与渠道。拓宽大众的参与渠道,让更多的人有机会参与到文化传承中来,形成全民参与的良好氛围。

3. 体现传承方式的多样性

传承方式的多样性是确保文化传承效果的重要保障。在传承中华优秀传统文化的过程中,我们需要采取多种传承方式,以满足不同人群的需求和喜好。

在教育传承方面:将传统文化融入教育体系,通过学校教育、社会教育等多种方式,让青少年从小接受传统文化的熏陶和教育。

在媒体传承方面:利用媒体的力量,通过电视、广播、网络等渠道,向广大观众传播传统文化的知识和价值。

在艺术传承方面:通过戏曲、音乐、舞蹈等艺术形式,将传统文化以艺术化的方式呈现给观众,让观众在欣赏艺术的同时感受到传统文化的魅力。

(二)建立行之有效的文化传播机制

建立行之有效的文化传播机制,对于确保中华优秀传统文化的传承效果至关重要。这一机制需要全面、深入地渗透到社会的各个层面,以确保传统文化的广泛传播和深远影响。

第三章　中华优秀传统文化的现代传承探究

1. 加强政策引导

政府作为文化传承的重要推动者，应出台一系列具体、有力的政策，以支持中华优秀传统文化的传承和发展。这些政策可以涵盖资金支持、税收优惠、人才培养等多个方面。例如，设立专项基金用于传统文化的保护和研究，对在文化传承领域做出突出贡献的个人和团体给予税收减免，以及鼓励高校和研究机构培养具备传统文化素养的专业人才。

2. 建立合作机制

为了实现文化传承的合力效应，各相关部门和单位需要加强合作与协调，这包括文化、教育、旅游等多个领域，以及各级政府和社会组织之间的紧密合作。同时，建立与其他国家和地区的文化交流机制也至关重要，通过国际性的文化交流活动，推动中华文化的国际传播，增强中华文化的国际影响力。

3. 发挥市场作用

在文化传承过程中，市场机制的作用不可忽视。市场机制，可以推动传统文化的创新和发展，使其更好地适应现代社会的需求。鼓励企业开发具有传统文化特色的产品和服务，这不仅可以满足市场需求，还能为传统文化的传承和发展提供新的动力。同时，加强市场监管，确保传统文化产品的质量和文化内涵，也是发挥市场作用的重要方面。

（三）促进中华优秀传统文化与时代精神相结合

中华优秀传统文化与时代精神相结合，不仅是文化传承的重要方向，更是推动中华文化走向世界的必由之路。这一结合不仅能让传统文化焕发新的生机与活力，还能为现代社会的发展提供精神支撑和价值引领。

1. 挖掘传统文化的现代价值

传统文化中的道德观念、价值观念等，都是经过千百年沉淀的智慧结晶，它们能够为现代社会提供重要的精神支撑和价值引领。通过挖掘传统文化的现代价值，我们可以将其与现代社会的发展需求相结合，为社会的和谐稳定、人民的幸福安康提供有力支撑。

2. 推动传统文化的创新发展

在传承传统文化的基础上，我们需要推动其创新发展。这包括在艺术形式、文化产品等方面的创新。通过创新，我们可以让传统文化焕发出新的生机和活力，吸引更多人的关注和喜爱。同时，创新也是推动传统文化走向世界的重要途径。只有不断创新，我们才能让传统文化在国际舞台上展现出独特的魅力和价值。

3. 加强传统文化的国际传播

在推动传统文化与时代精神相结合的过程中，我们还需要加强传统文化的国际传播。通过文化交流、文化展览等方式，我们可以让更多的人了解中华文化的独特魅力和价值。同时，加强国际传播也有助于提高中华文化的国际影响力和竞争力，为中华文化走向世界提供有力支持。

（四）筑牢传承弘扬中华优秀传统文化的主阵地

筑牢传承弘扬中华优秀传统文化的主阵地是确保文化传承工作取得实效的重要保障。我们需要从以下两个方面入手：

1. 加强文化设施建设

为了提供物质保障，我们需要加强文化设施的建设。这包括建设一批具有传统文化特色的博物馆、图书馆、文化广场等，这些设施不仅是展示传统文化的窗口，更是人们接触、了解和学习传统文化的重要场所。通过这些设施，我们可以让人们在欣赏传统文化的同时，更加深入地感受到其独特的魅力和价值。

2. 开展丰富多彩的文化活动

为了吸引更多人的参与，我们需要开展丰富多彩的文化活动，如传统文化讲座、文化展览、文艺演出等。开展形式多样化的文化活动，以适应不同人群的需求和喜好。通过这些活动，我们可以让更多的人参与到文化传承中来，让他们在实践中感受到传统文化的魅力和价值，从而激发他们对传统文化的热爱和尊重。

四、中华优秀传统文化传承人的保护

中华优秀传统文化,作为中华民族的精神财富和瑰宝,其传承与弘扬离不开一代又一代传承人的不懈努力。然而,随着时代的变迁和社会的发展,一些民间文化人才和传承人面临着流失和断层的风险。因此,加强对中华优秀传统文化传承人的保护,已成为当前文化传承工作的重要任务。

(一)加强民间文化人才的保护与培养

民间文化人才是中华优秀传统文化传承的重要力量。他们承载着丰富的文化知识和技艺,是传统文化传承的宝贵财富。为了加强对民间文化人才的保护与培养,我们可以从以下几个方面入手:

1. 尊重传承人想法并劝导其以正确方式传承

在保护民间文化人才的过程中,首先要尊重传承人的想法和意愿。传承人是文化的创造者和传承者,他们对自己的文化和技艺有着深厚的感情和独特的理解。因此,在保护和培养传承人时,我们应该充分听取他们的意见和建议,尊重他们的选择和决定。

同时,我们还要积极劝导传承人以正确的方式传承文化。一些传承人可能由于年龄、身体等原因,无法继续从事传承工作。在这种情况下,我们应该积极寻找和培养新的传承人以继承和发扬传统文化。同时,我们也要引导传承人树立正确的传承观念,避免将传统文化商业化、娱乐化,要保持其原有的文化价值和精神内涵。

2. 完善传承人资料并增加示范基地

为了更好地保护和培养民间文化人才,我们需要建立完善的传承人资料库。这个资料库应该包括传承人的基本信息、技艺特点、传承经历等方面的内容,以便我们更好地了解和研究传统文化。同时,我们还可以利用现代科技手段,如数字化技术、网络技术等,将传承人的技艺和文化成果进行数字化保存和传播,以便更多的人了解和学习传统文化。

除了完善传承人资料库外,我们还可以建立一批具有传统文化特色的示范基地。这些基地可以作为传承人的培训和展示场所,为他们提供学习和交流的平台。同时,示范基地也可以成为吸引游客和市民了解传统文化的窗口,提高公众对传统文化的认识和兴趣。

在示范基地的建设中,我们应该注重与当地政府和社区的合作,充分利用当地的文化资源和人才优势。同时,我们还要注重示范基地的可持续发展,确保它们能够长期为传统文化的传承和发展服务。

(二)改善传承人认定机制

在传承人认定机制还处于正在进行的状态时,传统文化传承人就出现了断层现象,导致许多传统文化永久消失在人类的视野中。因此必须要扭转断层的现象,以更精细、科学的方法认定传承人。

1. 规范认定机制

(1) 明确认定标准

在中华优秀传统文化传承人的认定过程中,首先需要确立一套科学、合理的认定标准。这些标准应当涵盖传承人的技艺水平、文化素养、社会影响力等多个方面,确保所认定的传承人真正具备代表性和权威性。同时,标准的设定应当具有可操作性和可评估性,便于相关部门和专家进行具体评定。

(2) 设立专业评审机构

为确保认定工作的公正性和权威性,应设立专业的评审机构,负责传承人的认定工作。评审机构应由具有丰富经验和专业知识的专家组成,其成员应来自文化、艺术、教育等多个领域,确保评审结果的全面性和客观性。评审机构应制定详细的评审流程和规则,明确评审标准和程序,确保认定工作的规范性和透明度。

(3) 建立认定档案

对于经过认定的传承人,应建立详细的认定档案,记录其基本信息、技艺特点、传承经历等。认定档案应作为传承人身份的重要凭证,同时也是对其技艺和文化成果进行保护和传承的重要依据。认定档案的建立应遵循规范化和标准化的原则,确保信息的准确性和完整性。

2. 认定品行高尚的传承人

(1) 强调道德品质

在认定传承人的过程中,除了考虑其技艺水平和文化素养外,还应注重其道德品质。一个真正的传承人，不仅应具备高超的技艺和深厚的文化素养，还应具备高尚的品德和道德情操。因此，在认定过程中，应对传承人的道德品质进行严格把关，确保所认定的传承人真正具备代表性和示范性。

（2）设立品行评估机制

为确保传承人的道德品质得到客观评估，可以设立品行评估机制。该机制应通过对传承人的言行举止、社会声誉等方面进行综合评价，以确保其具备高尚的品德和道德情操。品行评估的结果应作为认定传承人的重要依据之一，对于品行不佳的传承人，应取消其认定资格或进行相应处理。

3. 多维角度认定并设置紧急制定

（1）多维角度认定

在认定传承人的过程中，应从多个维度进行综合考虑。除了技艺水平和文化素养外，还应考虑传承人的社会影响力、创新能力、传承方式等方面。通过多维度的认定，可以更加全面地了解传承人的特点和价值，确保所认定的传承人真正具备代表性和全面性。

（2）设置紧急制定机制

在某些特殊情况下，如某项传统文化技艺面临失传风险时，可以启动紧急制定机制。该机制应允许相关部门或专家在特定条件下，对具备特定技艺和素养的个体进行快速认定，以确保该技艺得以延续和传承。紧急制定机制应明确适用条件和程序，确保在保障文化传承的同时，不损害认定机制的公正性和权威性。

（3）加强动态管理和评估

对于已经认定的传承人，应加强动态管理和评估。通过定期或不定期的考核和评估，了解传承人的传承情况和技艺水平变化，确保其始终保持较高的传承水平和质量。同时，对于在传承过程中表现不佳或失去传承能力的传承人，应取消其认定资格或进行相应处理，以确保传承人的质量和数量得到有效控制。

第四章 中华优秀传统文化创新性发展的思考

一、中华优秀传统文化创新性发展的实质

在探讨中华优秀传统文化创新性发展的实质时，我们首先需要理解传统文化与现代社会的融合，以及这种融合如何推动文化的创新与发展。

（一）传统文化与现代社会的融合

在现代化进程不断加速的今天，传统文化与现代社会之间的关系变得尤为微妙和复杂。传统文化的传承与发展，不仅是对历史的尊重，更是对现实社会的回应。

1. 传统文化元素的现代解读

传统文化元素，如诗词、书画、礼仪等，是中华文化的瑰宝。然而，这些元素在现代社会中如何被解读，直接关系到传统文化的生命力如何发展。现代人对传统文化的解读，需要基于对历史背景的深刻理解，同时也要结合现代社会的实际情况，进行富有创造性的诠释。例如，古代诗词中的意境和情感，可以通过现代音乐、舞蹈等艺术形式进行表达，使其焕发新的生机。

2. 传统文化在现代社会的适用性和价值

传统文化在现代社会中的适用性和价值，是传统文化与现代社会融合的关键。传统文化中的许多思想和观念，如"仁爱""诚信"等，仍然是现代社会所需要的。同时，传统文化中的一些智慧和方法，如中医、针灸等，也在现代医学中得到了广泛应用。这些例子都表明，传统文化在现代社会中仍然具有不可替代的价值和作用。

（二）文化创新的内涵

文化创新是推动传统文化发展的核心动力。在理解文化创新的内涵时，我们需要明确创新的定义及其在文化领域的体现。

1. 创新在文化领域的体现

创新是指对旧有事物进行改造、更新或创造新的事物的过程。在文化领域，创新主要体现在对传统文化的继承与发扬上。这种创新不是简单的模仿或复制，而是在深入理解传统文化的基础上，进行富有创造性的探索和实践。例如，在艺术创作中，艺术家可以通过对传统文化的深入挖掘和提炼，创作出具有独特风格和时代价值的作品。

2. 传统文化创新与其他创新的区别与联系

传统文化创新与其他领域的创新相比，具有其独特性和复杂性。一方面，传统文化创新需要深入理解和把握传统文化的精髓和内涵，这需要具备深厚的文化底蕴和素养；另一方面，传统文化创新还需要与现代社会的需求和发展趋势相结合，这需要具备敏锐的时代洞察力和创新精神。同时，传统文化创新也与其他领域的创新密切相关。例如，在科技领域中的创新可以为传统文化提供新的传播方式和表现手段；在经济领域中的创新可以为传统文化的发展提供新的动力和支撑。

（三）传统文化创新性发展的动力机制

创新性发展的动力机制是推动传统文化不断向前发展的关键因素。这种动力机制包括内在动力和外在动力两个方面。

1. 内在动力：文化自觉与文化自信

文化自觉是指一个民族或群体对自身文化的深刻认识和反思。在传统文化创新性发展的过程中，文化自觉表现为对传统文化的深入挖掘和整理，以及对传统文化价值的重新认识和评估。文化自信则是指一个民族或群体对自身文化的坚定信念和自豪感。在传统文化创新性发展的过程中，文化自信表现为对传统文化的坚定支持和推广，以及对传统文化创新成果的自信展示和推广。

2. 外在动力：社会发展与全球化趋势

社会发展和全球化趋势是推动传统文化创新性发展的外在动力。随着社会的发展和进步，人们对传统文化的需求和期待也在不断变化和提高,这要求传统文化必须不断创新和发展,以适应社会的需求和变化。同时,全球化趋势也为传统文化的创新性发展提供了更广阔的空间和更多的机遇。通过与其他国家和地区的文化交流与合作,可以引进更多的创新元素和理念,为传统文化的创新性发展提供新的思路和方向。

在内在动力和外在动力的共同作用下,中华优秀传统文化的创新性发展得以不断推进和深化。这种创新性发展不仅是现代社会对传统文化的传承和发扬,更是传统文化对现代社会的一种回应和贡献。

二、中华优秀传统文化创新性发展的价值

新时代背景下大力发展中华优秀传统文化的重要性不言而喻。发展中华优秀传统文化,这不仅是由中华优秀传统文化的内在属性所赋予的必然要求,更是涵养新时代公民道德建设、培育和践行社会主义核心价值观以及助推建成社会主义文化强国的必由之路,其价值意蕴理应受到广泛关注。

(一)涵养新时代公民道德建设

在全球化与信息化交织的当代社会,公民道德建设面临着前所未有的挑战。个体在多元文化的冲击下,道德观念和价值取向趋于复杂化和多元化,导致一些道德失范现象的出现。在这一背景下,推动中华优秀传统文化的创新性发展,对于涵养新时代公民道德建

设具有不可忽视的价值。

1. 弘扬中华传统美德

中华优秀传统文化中蕴含着丰富的道德资源和智慧,这些美德和智慧经过数千年的积淀和传承,已成为中华民族的精神支柱和道德底线。通过创新性发展,将这些传统美德以更加符合时代特征的方式呈现出来,使之成为新时代公民道德建设的重要支撑。例如,弘扬诚信、仁爱、孝悌等传统美德,有助于塑造新时代公民的良好道德品格,提升整个社会的道德水平。

2. 满足精神文化需求

随着物质生活的不断丰富,人们的精神文化需求也日益增长。中华优秀传统文化作为中华民族的精神家园,能够满足人们在精神层面的需求。通过创新性发展,使中华优秀传统文化在内容和形式上更加丰富多彩,更加贴近当代人的审美和生活方式。这不仅有助于丰富人们的精神世界,还能够增强文化自信心和民族自豪感,为新时代公民道德建设提供强大的精神动力。

(二)培育和践行社会主义核心价值观

在当代中国,社会主义核心价值观不仅是引领社会风尚的精神旗帜,也是国家发展、民族复兴的重要支撑。中华优秀传统文化的创新性发展,对于培育和践行社会主义核心价值观具有不可或缺的

古韵新声：中华优秀传统文化及其创新发展

价值。

1. 提供价值引导

社会主义核心价值观的提出，旨在构建符合社会主义初级阶段基本国情、体现社会主义先进文化前进方向、反映全国各族人民共同认同的价值观体系。中华优秀传统文化中蕴含着丰富的道德资源和价值追求，这些价值理念与社会主义核心价值观具有高度的契合性。通过创新性发展，深入挖掘和提炼中华优秀传统文化中的价值元素，使之与社会主义核心价值观相结合，为社会主义核心价值观提供深厚的文化支撑和价值引导。

具体而言，中华优秀传统文化中的仁爱、诚信、正义、和谐等价值理念，与社会主义核心价值观中的富强、民主、文明、和谐等要求相契合，中华优秀传统文化可以为社会主义核心价值观的培育和践行提供有力的价值支撑。同时，中华优秀传统文化的创新性发展，还可以通过文化创新、艺术创新等方式，将社会主义核心价值观融入人们的日常生活之中，使之更加深入人心，成为人们的自觉追求和行动指南。

2. 推动中国梦发展进程

中国梦是中华民族近代以来最伟大的梦想，它体现了全体中国人民的共同愿望和追求。

首先，中华优秀传统文化中的自强不息、厚德载物等精神特质，可以激励全体中国人民为实现中国梦而努力奋斗。这些精神特质是中华民族在漫长历史长河中形成的优秀品质，是中华民族不断进步、不断发展的精神动力。通过创新性发展，将这些精神特质融入社会主义核心价值观之中，使之成为推动中国梦发展的强大精神力量。

其次，中华优秀传统文化的创新性发展，还可以为中国梦的实现提供丰富的文化资源和创新动力。中华文化博大精深、源远流长，其中蕴含着丰富的历史智慧和文化精髓。通过创新性发展，深入挖掘和提炼这些文化资源，将其转化为推动中国梦发展的创新动力。例如，可以将传统文化元素与现代科技相结合，创造出具有中国特色的文化产品和服务；也可以将传统文化理念与现代企业管理相结合，形成具有中国特色的企业管理模式等。这些创新实践不仅可以推动文化产业的发展壮大，还可以为中国梦的实现提供源源不断的文化创新动力。

（三）推动社会主义文化强国建设

社会主义文化强国建设是新时代中国特色社会主义事业的重要组成部分，它体现了中国特色社会主义文化的自信与自强。中华优秀传统文化的创新性发展，对于推动社会主义文化强国建设具有重要意义。

首先，中华优秀传统文化的创新性发展可以增强文化自信。文化自信是一个国家、一个民族对自身文化价值的充分肯定和积极践行。中华优秀传统文化是中华民族的文化根脉和精神家园，是中华文化自信的重要来源。通过创新性发展，深入挖掘和传承中华优秀传统文化中的优秀元素和精髓，展现中华文化的独特魅力和时代价值，从而增强全民族的文化自信心和自豪感。

其次，中华优秀传统文化的创新性发展可以促进文化创新。文化创新是推动文化繁荣发展的重要动力。中华优秀传统文化中蕴含着丰富的创新基因和创造精神，这些基因和精神为文化创新提供了源源不断的动力和源泉。通过创新性发展，激发全民族的创造活力和创新精神，推动文化创新成果的不断涌现和广泛应用，为社会主义文化强国建设提供强大的文化创新支撑。

最后，中华优秀传统文化的创新性发展可以推动文化交流互鉴。文化交流互鉴是推动人类文明进步的重要途径。中华优秀传统文化是中华民族与世界各国文化交流互鉴的重要载体和桥梁。通过创新性发展，推动中华优秀传统文化的国际传播和交流互鉴，增强中华文化在国际上的影响力和话语权，为构建人类命运共同体贡献中国智慧和中国方案。

三、中华优秀传统文化创新性发展的途径

（一）坚守正确的文化发展理念

正确的文化发展理念是推动中华优秀传统文化创新性发展的基石，它涵盖了对于文化传承、创新以及与现代社会相适应等多方面

第四章　中华优秀传统文化创新性发展的思考

的思考。

1. 坚持民族精神与时代精神相结合

民族精神是中华优秀传统文化的重要组成部分，它体现了中华民族在长期历史发展中形成的共同价值追求和精神特质。在创新性发展的过程中，必须坚守民族精神，保持传统文化的根脉，确保文化的传承性和连续性；同时，也要注重时代精神的融入，使传统文化与现代社会相契合，反映当代社会的价值观念和审美需求。

民族精神与时代精神的结合，可以通过对传统文化的深入研究和现代阐释来实现。例如，可以挖掘传统文化中的现代价值，将其与现代社会的热点问题相结合，形成具有时代意义的文化议题；同时，也可以借助现代科技手段，创新传统文化的表现形式和传播方式，使之更加符合现代人的审美习惯和接受方式。

2. 实现内容与形式相融合

在推动中华优秀传统文化创新性发展的过程中，内容与形式的融合是关键所在。内容是文化的核心，是传承和创新的基础；形式是内容的载体，是文化传播和接受的途径。只有将内容与形式相融合，才能实现传统文化的有效传承和创新发展。

在内容方面，应该深入挖掘传统文化的精髓和内涵，提炼出具有普遍意义和时代价值的思想观念、道德规范和人文精神。同时，也要关注传统文化的现代转型，将其与现代社会的发展需求相结合，形成具有时代特色的文化内容。

在形式方面,应该注重传统文化的现代转化和创新发展。可以通过对传统文化符号、元素和符号系统的重新组合和再创造,形成具有现代感和创新性的文化形式。同时,也可以借助互联网等现代科技手段,拓展传统文化的传播渠道和受众范围,使之更加广泛地被大众所认知和接受。

(二)实现多重教育引导的有机结合

1. 注重个人教育

个人教育作为文化传承的起点,对于推动中华优秀传统文化的创新性发展具有基础性的作用。

首先,个人应关注自身的文化修养,通过不断学习与实践,增强对中华优秀传统文化的认知与了解。具体而言,可以通过阅读经典文献、参加文化讲座、参观博物馆等方式,深入了解中华文化的历史渊源、思想内涵和艺术表现。

其次,个人应主动探索线上线下多种方式来了解中华优秀传统文化。在信息时代背景下,互联网为文化传播提供了更为便捷和广泛的渠道。个人可以通过网络平台,如社交媒体、在线课程等,获取丰富的文化资源,加深对中华文化的理解和感悟。同时,也可以利用互联网的传播优势,将自己的文化体验和学习成果分享给他人,推动中华文化的广泛传播。

2. 注重家庭教育

家庭是文化传承的重要场所，家庭教育对于培养个体的文化自觉和文化自信具有不可替代的作用。

首先，家庭应营造良好的家风，传达正确的教育理念。家风是家庭文化的核心，它体现了家庭成员的价值观念和道德准则。家庭应倡导尊老爱幼、诚信友善、勤劳节俭等中华传统美德，并将这些美德融入日常生活之中，成为家庭成员的自觉行为。

其次，家庭应创新家风文化，做好示范作用。在传承传统家风的基础上，家庭可以结合时代特点和社会需求，创新家风文化的内涵和形式。例如，可以开展家庭文化活动、制作家庭文化墙等，将中华优秀传统文化的元素融入家庭生活之中，让家庭成员在潜移默化中接受文化的熏陶。

3. 注重学校教育

学校是文化传承和创新的重要阵地，学校教育对于培养具有文化自信和创新能力的人才具有重要意义。

首先，学校应优化教学内容，重视课程设置。在课程设置上，应增加中华优秀传统文化相关课程的比重，如国学、书法、绘画等，让学生在学习中感受中华文化的魅力。同时，也应注重跨学科融合，将中华优秀传统文化的元素融入其他学科的教学中，让学生在不同学科的学习中都能感受到中华文化的价值。

其次，学校应提高师资水平，开展文化活动。教师是文化传承和创新的关键力量，他们的文化素养和教学水平直接影响到学生的文化传承效果。因此，学校应加强师资培训，提高教师的文化素养和教学能力。同时，学校也应积极开展文化活动，如文化讲座、文化展览、文艺演出等，让学生在参与中感受中华文化的魅力，增强文化自信。

4. 注重社会教育

社会教育是文化传承和创新的重要补充，它通过广泛的社会活动和舆论引导，推动中华优秀传统文化的传播和创新。

首先，在宏观层面，社会应注重舆论导向。媒体和舆论应积极宣传中华优秀传统文化的价值和意义，弘扬中华文化的正能量，增强社会的文化自觉和文化自信。同时，也应加强对网络舆论的监管和引导，防止不良信息的传播和误导。

其次，在微观层面，社会应营造文化氛围。政府和社会组织应积极开展文化活动和项目，如文化节、文化周、文化展览等，为公众提供了解和体验中华文化的机会。同时，也应加强文化设施的建设和管理，提高文化服务的水平和质量，让公众在享受文化服务的过程中感受到中华文化的魅力。

（三）激活文化发展的生命力

无论是从文化发展的内在规律来看，还是从文化发展的时代要求来考虑，不忘本来、吸收外来与面向未来都可谓是激活文化发展生命力的重要法宝。

1. 不忘本来

坚守本来,意味着要合理继承并充分挖掘中华优秀传统文化的精华,并以此为基础,发挥传统文化的时代价值,实现其创新发展。

(1) 继承传统,充分挖掘传统文化精华

中华优秀传统文化蕴含着丰富的哲学思想、道德规范、艺术形式以及科学技术等,这些都是中华民族几千年文明的瑰宝。为了激活文化发展的生命力,首先需要对这些传统文化进行全面的梳理和研究,深入挖掘其中的精华部分。例如,儒家思想中的"仁爱"观念,道家思想中的"自然"原则,以及传统艺术中的书法、绘画等,都是值得继承和发扬的文化财富。

(2) 推陈出新,充分发挥传统文化优势与时代价值

在继承传统文化的基础上,还需要结合时代特点进行创新。这就要求我们将传统文化的精华与现代社会的需求相结合,赋予传统文化新的时代内涵和表现形式。例如,可以通过现代科技手段对传统文化进行数字化保护和传播,或者将传统文化元素融入现代产品设计,从而使其在现代社会中焕发新的生命力。

2. 吸收外来

在全球化日益加深的背景下,吸收外来文化成为激活文化发展生命力的又一重要途径。通过与国际文化的交流与互鉴,拓宽文化

视野，吸收世界各国的优秀文化成果。

（1）交流互鉴，洋为中用

积极参与国际文化交流活动，如文化节、艺术展览、学术研讨会等，这是了解和学习外来文化的重要途径。通过这些活动，深入了解不同文化的特点和精髓，进而将其中有价值的元素融入中华优秀传统文化中，实现文化的创新与发展。

（2）以我为主，为我所用

在吸收外来文化的过程中，应坚持以我为主、为我所用的原则。这意味着在吸收外来文化时，要保持中华文化的主体性和独立性，根据自身发展的需要选择性地借鉴外来文化中的有益元素，而不是盲目照搬或全盘西化。

3. 面向未来

面向未来是激活文化发展生命力的长远之计。随着科技的飞速发展和社会的不断进步，传统文化也需要与时俱进，不断适应和满足未来社会的需求。

（1）创新传统文化表现形式

利用现代科技手段创新传统文化的表现形式和传播方式，是使文化面向未来的重要举措。例如，可以通过虚拟现实（VR）技术重现历史场景，让观众身临其境地体验传统文化的魅力；或者利用社交媒体等网络平台推广传统文化知识，扩大其影响力和传播范围。

第四章　中华优秀传统文化创新性发展的思考

（2）培养新一代文化传承人

为了确保中华优秀传统文化的持续传承和创新发展，需要重视培养新一代的文化传承人。这包括加强对青少年的传统文化教育和培训，鼓励他们在学习和实践中深入了解和传承传统文化；同时，也要为传统文化传承人提供必要的支持和保障，激发他们的创新活力和传承热情。

（四）抓好文艺创作的关键环节

作为推动中华优秀传统文化创新性发展的必要路径，抓好文艺创作的关键环节具有十分重要的战略意义。文艺创作具有超越时间与空间的神奇魔力，能够为广大民众提供不一样的体验，因而，推动中华优秀传统文化的创新性发展需从抓好文艺创作关键环节这一方面狠下功夫。

1. 创作以人民为中心的文艺精品

坚持创作以人民为中心的文艺精品是推动中华优秀传统文化创新性发展的重要途径之一。之所以要坚持以人民为中心，是因为人民需要文艺。自改革开放以来，我国的社会生产力得到了显著提高，人们的物质需求基本上得到了满足，随之而来的便是精神文化需求的满足，为此，需着力加强文化建设，从而推动中华优秀传统文化的发展，提高文化自信。同时，互联网的快速发展使得人们可接触到的文化越发多样化与多元化，因而对文艺作品的要求也就随之提高了很多。一些传统文艺作品如若只是站在原地,而不以广大民众喜闻乐见的方式重塑新的表现形式,那么很快就会被遗忘。坚持以人民为中心的创作导向,将中华优秀传统文化的精华与广大民众的需求相融合,才能使得各种传统文化文艺作品重新焕发生机与活力。

坚持以人民为中心,就是要将与中华优秀传统文化相关的文艺创作深深扎根人民生活,因为文艺需要人民。《舌尖上的中国》可谓是将中华优秀传统文化与人民生活巧妙结合的经典案例。这一节目包含了诸多传统美食,从南方到北方,从四大菜系到日常小菜,全都囊括其中。与娓娓动听的旁白随之而来的便是人们的劳作画面,无论是哪一集,都可以看到广大劳动人民的身影。不同地理环境所造就的不同的饮食习惯,餐桌上各种食物的制作过程,经由时间流转而形成的不同的食物保存方式,以及经过不同的烹饪方式和五味调和而成的各地美食,都是我国古代劳动人民的智慧结晶。这一纪录片常年高居文化类节目榜首,不仅在国内大受欢迎,也为中华美食俘获了一大批海外粉丝。它的大获成功充分证实了中华优秀传统文化与以人民为中心的创作理念相结合的巨大魅力。与之形成鲜明对比的,便是当前一些为创作而创作的节目、影视作品,它们严重脱离人民生活,既没有传播正能量,也没有反映广大民众最真实的生活样貌。由此可见,坚持创作以人民为中心的文艺精品更要从广大民众的生活与实践中汲取养分、挖掘创作素材,创作反映人民心声的优秀传统文化作品。

2. 建设现代文化产业体系

文化产业作为提高文化软实力的重要途径之一，义不容辞地承担起了推动传统文化发展的重任。为此，需努力推动文化产业供给侧结构性改革，建设现代文化产业体系，这是应对经济全球化与文化全球化浪潮的有效措施。就供给侧而言，当前的文化产业在中高端领域的内容供给略微不足，而低端领域则出现严重过剩的状态；就需求侧而言，既有需求下降现象，也有需求外溢现象。面对这样的困境，推动文化产业供给侧改革、建设现代文化产业体系迫在眉睫。

一方面，需要坚持经济效益与社会效益的统一。以近些年的电影、电视剧市场为例，一系列以流量明星为噱头的电影虽取得了较好的票房成绩，然而这些影片的质量却堪忧，粉丝文化的兴起，不仅助长了这一现象的发生，而且有愈演愈烈趋势，这一趋势不仅存在于电影市场，也广泛存在于电视剧市场；与之形成鲜明对比的是一些优秀电视剧，如《觉醒年代》《父母爱情》等，它们不仅注重经济效益，也注重社会效益，强调两种效益的统一，推动了文化产业的良性发展。因而，各大文化生产者在生产传统文化相关的文化产品时，不仅要考虑成本、盈利等因素，也要考虑到其中所蕴含的价值理念与深远影响，要兼顾经济效益与社会效益的统一。

另一方面，需要激发各类文化企业活力。作为文化产业市场中的主体，企业的积极性与活力在推动传统文化发展过程中有着举足轻重的重要地位，为此，各大文化企业需采取措施，致力于提高本企业的文化产品质量,从而推动现代文化产业体系建设的顺利进行。首先,需明确企业定位。只有在明确企业定位的基础上,才能制定出详细具体的经营战略,创作出符合市场规律的优质文化产品,从而从供给侧一端为广大民众提供优质的文化产品,满足其精神文化需求。其次,将尊重需求与引领需求相结合,加大文化产品的创新力度。对此,需将文化产业与其他产业进行深度融合,将文化产业的优势与其他产业的特色充分显示出来,促进文化产品的中高端供给,以文化产业的供给侧结构性改革推动中华优秀传统文化的创新性发展,唯有如此,才能更好地建设现代文化产业体系。

第五章 中华优秀传统文化创新发展的多维实践

一、中华优秀传统文化在服装设计中的应用

在社会经济发展的推动下，人们对服装设计的要求不断提高，我国服装设计也在不断尝试与摸索中创新，相对于以往的服装设计而言，现阶段服装设计在款式、色彩等方面越来越多样化。

（一）中华优秀传统文化的创新应用策略

我国是文化大国，拥有丰富的传统文化资源，在服装设计中创新应用传统文化时，需要设计人员能够在包罗万象的传统文化中提炼出与服装设计相关的元素，了解这些元素的来源，掌握其蕴含的丰富内涵以及体现出的艺术价值等，为中华优秀传统文化创新应用于服装设计中打好扎实基础。

1. 提炼与服装设计相关的传统文化元素

在服装设计的创新与发展中，将传统文化元素融入其中，已成为一种重要的设计理念。立足服装设计与传统文化两个角度，可以将提炼出的与服装设计相关的传统文化元素分成具象和抽象两类。

具象元素主要是指可以通过眼睛具体观察到形象特征的文化元素，比如中华优秀传统文化中的书法文化元素、绘画文化元素、纹饰图案元素等，这类文化元素通常情况下可以应用到服装的视觉外

观设计上。

与具象元素相对应的就是抽象元素,其主要是指没有具体形象可以观察到的一类元素,属于精神层面可感知的文化元素,比如茶道文化,这类元素可以应用到服装的风格设计上。

2. 创新传统文化设计元素的转换方法

在进行中华优秀传统文化元素的转换过程中,具体可以采用以下集中转换方式:

(1) 移植转接法

移植转接法需要设计者具有较强的设计功底,能够采用生动形象的设计手法将中华优秀传统文化元素与服装上的图案、造型、材质以及功能等进行充分融合,实现传统文化元素与服装设计的完美结合,这既能够对服装上的多种元素进行美化加工,给人们设计出具有中国特色的服装,同时又能唤醒人们对传统文化的记忆,增强人们的文化意识。

(2) 抽象重构法

抽象重构法主要是借助于服装设计人员丰富的想象力和创造力,使其能够对提取出的传统文化元素进行抽象化改编处理以及重新构成,从而将传统文化元素塑造成全新的视觉形式,再将其应用到服装设计中,这能够让传统文化元素更符合现代服装设计的需求。

(3) 意境表达法

意境表达法主要就是将抽象的传统文化元素,巧妙渗透到服装设计中，以服装为载体，呈现出传统文化独有的意蕴和文化意境，带给人们更特殊的审美体验，实现服装设计的以意传神，让服装设计达到更高层次的境界。

（二）将传统文化应用到服装设计的不同方面

服装设计中创新应用中华优秀传统文化，在完成传统文化元素提取及转化后，需要设计人员根据不同服装设计的需求，灵活选择文化元素应用。中华优秀传统文化博大精深、构成丰富，因此，诸多的文化元素可以为设计者在服装设计的各个方面带来灵感，这要求服装设计人员要加深传统文化创新应用的研究，具体从以下几方面实现服装设计与传统文化的融合：

1. 应用于服装造型设计

在服装设计的广阔领域中，造型设计占据着举足轻重的地位，它不仅具有修饰人体形态、提升视觉美观性的实用功能，更承载着传递文化、展现艺术价值的使命。在追求个性化与文化底蕴并存的今天，将传统文化应用于服装造型设计显得尤为重要。

在服装造型设计中，传统文化元素能够与点、线、面、体等基本设计元素深度融合，通过巧妙运用这些元素，设计师能够创造出具有鲜明中国特色的服装造型。同时，传统文化也可以与服装的外形轮廓或内在构造相结合，创新出独特的服装样式，呈现出多样化的风格。例如，在礼服设计中，将青花瓷等传统文化元素融入其中，不仅能够凸显中国服装的独特魅力,更能展现设计师对传统文化的深刻理解和创新应用。这种将传统文化与现代设计相结合的设计理念,不仅丰富了服装设计的文化内涵,也为消费者提供了更多具有文化价值和审美价值的服装选择。

2. 应用于服装图案设计

图案设计同样是服装设计中比较关键的一环,我国优秀的传统文化中蕴含着丰富的图案元素,不仅造型多样、内容丰富,而且其寓意深远。在服装图案设计中应用传统文化元素的方法主要包括以下几方面:

(1) 直接运用

直接运用传统文化元素,是图案设计中最直接、最简便的方法。设计师可以直接从传统文化中选取具有代表性的图案,如龙纹、凤纹、牡丹等,直接用于服装的图案设计。这种方法能够直观地展现传统文化的魅力,使服装具有浓郁的中国风情。

(2) 创意运用

创意运用传统文化元素,则需要设计师在理解传统文化的基础上,进行创新性的设计。结合现代审美观念,通过对传统图案的解构、重组,创造出既具有传统文化特色,又符合现代审美需求的图案。这种方法能够赋予传统文化新的生命力,使服装图案设计更具创意和个性。

第五章 中华优秀传统文化创新发展的多维实践

（3）重构运用

重构运用传统文化元素，则是一种更为深入的设计方法。设计师需要深入理解传统文化的内涵和精髓，通过重新构思和组合，将传统文化元素与现代设计理念相结合，创造出全新的图案设计。这种方法能够深入挖掘传统文化的价值，使服装图案设计更具文化内涵和深度。

3. 应用于服装色彩设计

在中国传统文化中，色彩的运用不仅展现出独特的艺术性，更蕴含着深厚的哲学内涵。色彩作为一种符号，承载着丰富的文化内涵，大多色彩都有其特定的象征意义。

红色，作为中国传统文化中的主色调，它代表着生命力、吉祥与喜庆，常常与热情、兴奋等情感紧密相连。在服装设计领域，红色被广泛运用，无论是节日庆典还是日常穿着，红色都能为服饰增添一抹亮色，彰显出浓厚的中国风情。

除了红色，传统五色中的金色同样具有独特的文化内涵。金色象征着权力、富足与丰收，代表着人们对美好生活的向往与追求。在服装设计中，运用金色能够为服饰增添一份高贵与典雅，彰显出穿着者的尊贵地位。

此外，青色、白色、黑色等传统色彩也各有其独特的文化内涵。青色代表着清新、自然，白色象征着纯洁、高尚，黑色则寓意着庄重、神秘。这些色彩在服装设计中的运用，能够丰富服饰的色彩层次，展现出独特的审美韵味。

对于服装设计师而言，深入了解传统色彩文化，掌握各种色彩的含义与搭配规律，是在服装设计中实现文化创新与传承的重要途径。在设计过程中，设计师需要充分考虑民族特征、色彩偏好以及大众审美特征，合理搭配色彩，借鉴传统色彩搭配规律，如红黄搭配等，以营造出浓郁的中国味道，展现出时尚大气的设计风格。

4. 应用于服装材质设计

在服装设计领域，材质设计的重要性日益凸显，其对于服装的舒适度和整体品质具有决定性的影响。随着科技的不断进步和消费者需求的多样化，新型面料不断被引入并应用于服装设计中，这些面料不仅满足了人们对于服装实用性的追求，同时也以其独特的质感和美感赢得了消费者的喜爱。值得注意的是，在追求创新与多元化的同时，传统文化在服装材质设计中也扮演了重要的角色。设计师们开始尝试将传统文化元素融入传统材质中，通过创新设计手法，赋予传统材质新的生命力和艺术表现力。此外，一些表达中国传统文化的非常规面料也被引入服装设计领域，这些面料不仅丰富了服装的材质选择，更通过其独特的文化内涵，为服装设计注入了深厚的文化底蕴。这种将传统文化应用于服装材质设计的方式，不仅有助于传承和弘扬传统文化，还扩宽了服装设计的选材范围，推动了服装设计领域的创新发展。

综上所述，中华优秀传统文化在服装设计中的应用，既是文化传承与发展的需要,更是服装设计创新发展的需求。相关设计人员要注重提升自身的传统文化素养,在传统文化中提炼有关服装设计的元素,并做好对传统文化元素的转换处理,使其能够更好地应用到服装设计中;而在具体的服装设计中,需要将传统文化元素应用到服装的造型、色彩、图案、材质等不同方面的设计上,从而实现优秀传统文化与服装设计的充分融合。

二、中华优秀传统文化在旅游开发中的价值

随着全球化和现代化的快速发展,旅游业已成为推动经济增长、文化交流和社会发展的重要力量。在旅游开发中,深入挖掘和利用中华优秀传统文化资源,不仅能够丰富旅游产品的文化内涵,提升旅游目的地的吸引力,还能促进中华文化的传承与弘扬。

(一)丰富旅游产品文化内涵

1. 提升旅游产品质量

在旅游开发过程中,深入挖掘中华优秀传统文化的内涵和特点,对于提升旅游产品的质量和竞争力至关重要。以文化旅游线路为例,通过精心策划和设计,将不同地域、不同历史时期的文化元素串联起来,形成具有独特文化特色的旅游线路。例如,中国的"京杭大运河文化旅游线路",这条线路串联了北京、天津、河北、山东、江苏、浙江等多个省市,沿线不仅有壮丽的自然风光,还有丰富的历史文

化遗产。游客在游览过程中,可以深入了解大运河的历史变迁、文化内涵及其对沿线地区经济、文化发展的影响,从而提升旅游产品的文化价值和吸引力。

文化主题公园是另一种具有丰富文化内涵的旅游产品。这些公园通过模拟或再现某一历史时期或地域的文化景观,为游客提供沉浸式的文化体验。例如,杭州的宋城景区就是一个成功的文化主题公园案例。它不仅重现了宋代都市的风貌与繁华,还通过精彩的表演如《宋城千古情》等,展示了中国悠久的历史文化和民族风情,让游客在观赏与互动中,深刻感受到中华文化的博大精深与独特魅力。

此外,文化节庆活动也是提升旅游产品质量的重要途径。举办具有文化内涵的节庆活动,可以吸引大量游客前来参与和体验,例如,每年的端午节期间,各地都会举办龙舟比赛、包粽子等传统民俗活动。

2. 增强游客文化认同感

在旅游过程中,游客不仅希望欣赏到美丽的自然风光,还希望深入了解当地的文化特色和历史底蕴。通过展示中华优秀传统文化的独特魅力和价值,激发游客的文化认同感和自豪感。

以故宫博物院为例,作为中国最大的古代文化艺术博物馆,它收藏了丰富的文物,包括书画、陶瓷、玉器、青铜器等多个类别。游客在参观过程中,可以深入了解中国古代文化的独特魅力。同时,故宫博物院还通过举办各种文化活动和展览,如"紫禁城上元之夜"等,让游客在欣赏文物的同时,也能感受到中华文化的独特韵味和时代价值。

另外,一些具有地域特色的文化节庆活动也能增强游客的文化认同感。如四川的"三星堆文化节",通过展示三星堆遗址出土的文物和艺术品,让游客深入了解古蜀文化的独特魅力和历史价值。这些活动不仅吸引了大量游客前来参与和体验,还增强了游客对中华文化的认同感和自豪感。

(二)提升旅游目的地吸引力

1. 塑造独特品牌形象

将中华优秀传统文化融入旅游目的地建设中,是提升旅游目的地吸引力的关键。当旅游目的地能够充分展现中华文化的独特魅力和价值时,它便能塑造出独特的品牌形象,从而吸引更多的游客前来参观和体验。

以西安为例,这座城市作为中国古代文明的发源地之一,拥有丰富的历史文化资源。西安市政府在旅游开发过程中,深入挖掘并利用了这些资源,成功地将西安打造成为一个具有独特品牌形象的旅游目的地。西安的城墙、兵马俑、大雁塔等著名景点,都是中华文化的瑰宝,它们不仅展示了古代中国的辉煌历史,也体现了中华文化的博大精深。通过精心策划和推广,西安的"古都文化"品牌形象深入人心,吸引了大量国内外游客前来观光游览。

再比如，丽江古城以其独特的纳西族文化和自然风光吸引了无数游客。在旅游开发过程中，丽江市政府注重保护和传承纳西族文化，将纳西族的传统建筑、音乐、舞蹈等元素融入旅游产品中，让游客在游览过程中能够深入了解纳西族文化的独特魅力。这种将地方文化融入旅游开发中的做法，使得丽江古城成为一个具有独特品牌形象的旅游目的地，吸引了大量游客前来参观体验。

2. 拓展旅游市场范围

中华优秀传统文化的广泛传播和大众认知度，为拓展旅游市场范围提供了有力支持。推广具有中华文化特色的旅游产品，可以吸引更多国内外游客前来旅游观光，促进旅游业的国际交流与合作。

例如，中国的京剧表演在国际舞台上备受瞩目，许多外国游客因此对中国文化产生了浓厚兴趣。在旅游开发中，可以将京剧表演作为一种特色旅游产品进行推广，从而吸引外国游客前来观看并了解中国文化的独特魅力。此外，中国的传统手工艺品如陶瓷、剪纸等也备受游客喜爱，它们可以作为旅游纪念品进行销售，为旅游业的发展带来额外的收益。

（三）促进中华文化的传承与弘扬

1. 传承中华文化基因

在旅游开发过程中深入挖掘和利用中华优秀传统文化资源，对于传承和弘扬中华文化基因具有不可估量的价值。这些基因是中华文化的核心和灵魂,是数千年来中华民族智慧和创造力的结晶。通过旅游开发,我们可以将这些宝贵的文化基因传递给更多的人,让更多的人了解和认识中华文化的博大精深。

以故宫为例,这座历史悠久的宫殿不仅是明清两代的皇家宫殿,更是中华文化的瑰宝。故宫通过展示其丰富的文物藏品、独特的建筑风格和深厚的文化底蕴,让游客能够亲身感受到中华文化的魅力。同时,故宫还积极开展文化教育活动,如举办专题讲座、文化展览等,让游客在游览的过程中深入了解中华文化的历史渊源和内涵。这些活动不仅增强了游客对中华文化的认同感,也为中华文化的传承和发展做出了积极贡献。

除了故宫这样的著名景点外,还有许多地方性的文化景点也在积极传承和弘扬中华文化基因。例如,一些古村落、古镇在旅游开发过程中注重保护和修复传统建筑、民俗文化和手工艺等,让游客在游览的过程中能够感受到浓郁的地方文化氛围。这些文化景点不仅吸引了大量游客前来参观,也为当地文化的传承和发展提供了有力支持。

2. 弘扬中华文化精神

在旅游开发过程中弘扬中华文化精神,是提升国民文化自觉和文化自信的重要途径。中华文化精神是中华民族在长期历史发展中形成的独特精神风貌和价值追求,它包含了爱国主义、集体主义、自强不息、厚德载物等多个方面的内容。通过旅游开发,让更多的人了解和认识中华文化的精神内涵和价值追求，从而激发人们的文化自觉和文化自信。

以孔子故里曲阜为例，这座城市因孔子而名扬天下。在旅游开发过程中，曲阜市深入挖掘和利用孔子文化资源，推出了一系列具有文化特色的旅游产品。孔庙、孔府、孔林等景点展示了孔子的生平和思想，让游客能够深入了解孔子的文化精神。同时，曲阜市还举办了孔子文化节等活动，通过展示儒家文化的独特魅力和价值追求，让更多的人了解和认识中华文化的精神内涵。这些活动不仅增强了游客对中华文化的认同感，也激发了人们对中华文化的热爱和尊重。

此外，一些地方性的民俗文化活动也是弘扬中华文化精神的重要载体。如春节、中秋节等传统节庆活动，通过举办庙会、灯会、赏月等活动，让游客在参与中感受到中华文化的独特韵味和时代价值。这些活动不仅丰富了人们的文化生活，也促进了中华文化的传承和弘扬。

三、虚拟现实技术与中华优秀传统手工艺保护

虚拟现实技术（Virtual Reality，简称 VR）是一种综合计算机图形技术、仿真技术、多媒体技术、人工智能技术、计算机网络技术、并行处理技术以及多传感器技术等多种技术发展起来的一种综合性信息技术。它能够充分模拟人的视觉、听觉、触

第五章 中华优秀传统文化创新发展的多维实践

觉等感觉器官功能，提供一种实时的、三维的虚拟环（Virtual Environment），借助必要的设备使人能够沉浸在计算机生成的虚拟环境中，并能通过语言、手势等与虚拟环境中的对象进行实时交互，创建一种适人化的多维信息空间。用户不仅能够通过虚拟现实系统感受到"身临其境"的逼真性，而且能够突破空间、时间以及其他客观限制，感受到真实世界中无法亲身经历的体验。

（一）虚拟现实技术的基本特征

虚拟现实（VR）技术以其独特的3"I"特征，即"Immersion（沉浸）""Interaction（交互）"和"Imagination（想象）"，为用户带来了前所未有的体验。以下是关于这三个基本特征的详细阐释：

沉浸（Immersion），沉浸性是虚拟现实技术的核心特征之一。它利用计算机生成的三维立体图像，为用户创造出一个仿佛真实存在的虚拟环境。在这个环境中，用户能够全身心地投入，感受到与真实世界无异的身临其境的体验。为了实现这一效果，虚拟现实技术通常借助头盔显示器、立体声耳机等设备，将用户的视觉、听觉等感官封闭起来，隔绝外界干扰，使用户完全沉浸在虚拟世界中。

交互（Interaction），交互性是虚拟现实技术的重要特征。在虚拟环境中，用户可以通过特定的设备（如数据手套、位置跟踪器等）与虚拟物体进行交互，用户可以触摸虚拟物体、操作虚拟工具，甚至与虚拟人物进行交流和互动，就像在现实生活中一样。这种交互性使得用户能够更加自然地与虚拟环境进行互动，增强了体验的真实感。

想象（Imagination），想象性是虚拟现实技术的独特魅力所在。通过虚拟现实技术，用户可以超越现实世界的限制，发挥无限的想象力。在虚拟环境中，用户可以创造出各种奇幻的场景、角色和故事，实现自己的创意和想法。这种想象性为用户提供了广阔的空间和自由度，使得虚拟现实技术成为一种极具创造性和探索性的体验方式。

综上所述，虚拟现实技术的3"I"特征——沉浸、交互和想象，共同为用户带来了前所未有的体验。这些特征使得虚拟现实技术成为一种具有广泛应用前景的技术，在教育、娱乐、医疗、军事等领域都展现出了巨大的应用潜力和价值。

（二）虚拟现实技术在传统手工艺数字化保护中的应用

1. 传统手工艺信息资源的数字化保存与存档

以往我们对传统手工艺的保护基本停留在对制作工艺的拍照、记录、物品收藏等工作层面上，这种以文字、录音和图像为主的传统保护手段，曾发挥着巨大的作用。但由于技术的限制，这些手段都存在着不同的缺陷，其信息也会在一定程度上失真，对于手工艺的制作手段和创作方法的描述只能提供"片面真相"和"间接体验"，因此很难让没有任何基础的人充分地去了解这门手工艺，也让后人对于已经失传的手工艺的研究没有更多更生动详细的资料可循。

基于虚拟现实技术的传统手工艺数字化保护的核心即是运用各种数字化手段实现信息的最大获取，包括手工艺作品、传承人、手工技艺、文化空间、传承方式、地理环境等内容,都可以运用数字信息技术转化为计算机可读的数据,并且兼容原有的各种形式数据,模拟各种空间结构资源,对濒危、易逝的手工技艺进行科学的、高精度的和永久性的保存。传统手工艺种类繁多,各具特色。以北京雕漆为例,其数据库建设首先要有原材料的数据库,包含大漆、桐油、入漆颜料、瓦灰、夏布以及辅助材料等数据信息;相关工具数据库,包括制漆工具和雕漆工具的数据记录;再包括雕漆工艺的数据化记录,如设计、制胎、烧蓝、作地、涂漆、画工、雕刻、抛磨、作里等,其中每道工序又包含了相应的制作工艺和工具数据库;另外还需要有完整的历史沿革、雕漆种类、工艺特色等翔实的数据以及纹样分析、色彩分析等。

基于虚拟现实技术的传统手工艺数据库建设由"记事簿"转换为储存核心信息的"黑匣子",以数字形式对传统手工艺的各方面信息进行采集和管理,实现传统手工艺的全方位、多角度、多层次的完整记录,成为可以通过互联网为受众提供数字化的展示、科普和研究等多种服务的信息系统。

2. 传统手工艺的数字化展示与传播

对于传统手工艺中难以用文字、图片形式将其完整记录的部分,可以利用计算机辅助设计、虚拟现实技术等生成一系列虚拟立体空间,通过三维动画的形式进行展示,从而更安全、长久地保存并传播传统工艺文化形式。就目前来看,传统手工艺常用的数字化展示与演变模拟技术多是基于物质形态,一类是用于传统手工艺艺术精品的全方位立体展示;另一类是应用于濒危遗产的虚拟复原和保护修复等环节,根据专家对艺术材料、颜料成分等的研究,综合运用文物修复及相关学科知识,借助数字技术,实现艺术品的虚拟复原与模拟。

传统手工艺的精髓不仅仅在于其物质形态,虚拟现实技术的介入为传统手工技艺的展示方式也带来了多种可能。采用 VR 技术,可以生动地复现传统技艺的"现场"和"全貌"。受众再也不用依靠文字、图片抑或视频来获取单一维度的信息,而可以借助 VR 设备,深度体验传统手工技艺。由此看来,虚拟现实技术在传统手工艺展示中的深度应用,能够促使传统手工艺的数字化展示由"表面功夫"转换为"深度体验",由单纯的"原画复现"转向多层次全方位的"沉浸+参与",受众也由单纯的"旁观者"变为积极主动的"参与者"。

从传播媒介来看,虚拟现实技术也为当前的传统手工技艺传承和文化传播带来了多种可能。传统的手工艺传播主要依靠言传身教,这让手工艺的传播受到地域、语言、风俗等方面的限制。另外,传统手工艺文化不被公众了解以及受众面窄等问题已成为阻碍传统手工艺发展的重要因素,传统手工艺的数字化保护正是解决这一问题的有效途径,其目标之一即是文化的传播与交流,即运用多媒体、数字存储、传输等技术,以数字编码的方式实现传统手工文化的大众传播。

第五章 中华优秀传统文化创新发展的多维实践

　　基于虚拟现实技术的传统手工艺展示与传播使受众从被动、单一的信息接收者转变成主动参与其中的共建者，传播内容也不再局限于对传统手工艺的客观摹写。这种崭新的传播样式跨越了时空边界，受众被带入到了"传统手工艺现场"，并与手工艺人"共享"传统技艺的"虚拟化体验"。由此可见，借助 VR 的传统手工艺展示与传播会强化受众对传统手工艺的情感体验，进而提升受众对传统手工技艺与文化的关注度。同时，受众在良好的用户体验中获得更多的信息，并通过反馈这些数据信息再次实现提升教育和传播效果的目的，同时，信息的输出与反馈的方式也在文化传播中变得更加有效和深入。传统手工艺的数字化传播打破了时空、地域的限制和文化、行业、年龄的差异，使任何人在任何时间、任何地点都能够获取所需的知识信息。虚拟现实技术，可以让受众通过更加生动的方式去解读复杂的传统手工艺的制作过程，运用更加有趣的方式去理解手工艺大师们的创作思路。这一技术的运用，既利于提高传统手工艺保护和研究的整体水平，又能够改善传统手工艺受众面窄的问题，进而更为有效地展示和推广具有浓郁地方特色及深厚底蕴的传统手工艺文化。

　　总之，在信息高速发展的今天，数字化技术参与传统手工艺的保护是一个可持续发展的新思路。将虚拟现实技术应用于传统手工艺的保护与传承具有数字艺术的理论依据，同时也具有现实的可行性。基于虚拟现实技术的传统手工艺数字化保护方案能够实现资源共享与利用的最大化，同时为传统手工艺开拓新的生存空间，让更多的人参与到传统手工艺的保护与传承工作中,促进传统手工文化的繁荣。

四、中华优秀传统文化在新型主流媒体中的传播

(一)对新型主流媒体的基本认识

中华优秀传统文化的传承和发展,必须借助强大的媒体力量。新型主流媒体占据着资源优势、人才优势、技术优势、体制优势,有责任担负起传播中华优秀传统文化的大任,并成为引领发展的风向标,引导全社会形成学习中华优秀传统文化的良好风气。

1. 新型主流媒体的内涵

主流媒体的概念应该具备这样的标准:是党和政府的喉舌,有权威的地位,有较强的公信力,较大发行量,受众广泛,体现和传播社会主流舆论和主流价值观。一般来说,传统主流媒体主要包括中央级新闻媒体、区域性媒体、城市媒体和国家重点扶持的大型新闻网站等。《人民日报》、中央电视台和新华社等可视为主流媒体的代表,有着得天独厚的政治优势、渠道优势和权威信息发布的特权,其传播力和影响力覆盖了全国城乡各种机构和各类人群。

相对于传统主流媒体,新型主流媒体是对传统主流媒体的换代升级,具有融媒体的立体思维,能适应新兴媒体发展的趋势,遵循

新闻传播原则，运用多种方式与手段，推出形态多样、平台适存性强、内容传播方式灵活的众多媒介产品；也能通过多种平台更好地传播社会主流价值观，满足受众需求，继续在公信力、传播力、影响力和竞争力上守住原有优势，占据主导地位，在融媒体基础上继续发挥传统主流媒体的传播功能。新型主流媒体是一种集体概念，是由很多内容被细分、功能更专业化的媒体构建的综合性的传媒集团，它利用传播技术的更新换代，发挥各种媒介优势，并由平台监督把关，将信息聚合、分发，提升了主流媒体在各传播平台的舆论引导水平。新型主流媒体是要建立以"中央厨房"为代表的内容聚合和信息加工处理平台，从而形成新型的现代传播体系。

2. 新型主流媒体的特征

在信息化时代的背景下，新型主流媒体以其独特性在传媒领域中占据重要位置，其具有形态多样、技术先进和竞争力强等特点。

（1）形态多样

首先，其传播渠道不再局限于传统的报纸、电视等媒体形式，而是涵盖了互联网、社交媒体、移动应用等多元化的新媒体平台。这种多元化的传播渠道使得新型主流媒体能够覆盖更广泛的受众群体，实现信息的快速传播和广泛覆盖。

其次，新型主流媒体在内容形态上也呈现出多样性，不仅包括文字、图片等传统媒体元素，还融入了视频、音频、动画等多媒体元素，使得信息呈现方式更加丰富多彩，满足了受众对于信息多样化的需求。

（2）技术先进

首先，新型主流媒体积极运用大数据、云计算、人工智能等现代信息技术手段，实现了对海量信息的快速处理和分析，提高了信息传播的效率和准确性。

其次，新型主流媒体的积极探索虚拟现实、增强现实等前沿技术，通过创新的媒介形态和呈现方式，为受众提供沉浸式的传播体验。这些技术的运用使得新型主流媒体在传媒竞争中更具优势，也推动了传媒产业的创新和发展。

（3）竞争力强

首先，新型主流媒体的资源整合能力较强，它能够充分利用各种媒体资源，形成优势互补的传播合力。

其次，新型主流媒体在内容创新方面也具有较强实力，它能够根据受众需求和市场变化，不断创新内容形式和传播策略，提高信息传播的吸引力和影响力。

此外，新型主流媒体还具备强大的品牌影响力，通过品牌建设和推广，提高了媒体在受众心中的认知度和美誉度，进一步增强了媒体的竞争力。

（二）新型主流媒体引领中华优秀传统文化传播的责任担当

在数字化、信息化时代，新型主流媒体以其独特的优势和功能，在传播中华优秀传统文化方面发挥着举足轻重的作用。其不仅承载

第五章　中华优秀传统文化创新发展的多维实践

了文化传承与创新的双重使命,更在弘扬主旋律、传播正能量方面,展现了媒体应有的责任担当。

1. 新型主流媒体是最高文化品质和公信力的舆论阵地

新型主流媒体作为信息传播的重要平台,其文化品质和公信力直接关系到公众对传统文化的认知与接受程度。一方面,新型主流媒体通过严格的新闻筛选和审核机制,确保所传播的文化信息具有高度的真实性和准确性,从而树立了良好的公信力;另一方面,新型主流媒体在内容制作上追求高品质、高水准,深入挖掘传统文化的内涵和价值,以丰富的表现形式和深刻的思想内涵,向公众传递了中华优秀传统文化的精髓。

在新型主流媒体的引领下,传统文化得以在更广泛的范围内传播和普及。新型主流媒体通过互联网渠道将传统文化的魅力展现得淋漓尽致,使公众在欣赏文化的同时,也能深刻感受到传统文化的独特魅力和时代价值。此外,新型主流媒体还通过举办各类文化活动、推出文化专栏等方式,进一步推动传统文化的传承与创新,为传统文化的繁荣发展注入了新的活力。

2. 新型主流媒体弘扬主旋律,符合传播正能量的时代要求

新型主流媒体作为舆论阵地的中坚力量,更是要承担起弘扬主旋律这一责任。通过精心策划和组织各类文化报道、文化节目和文化活动,新型主流媒体不断传播社会正能量,弘扬社会主义核心价

值观，为构建和谐社会、推动社会进步做出积极贡献。

在弘扬主旋律方面，新型主流媒体注重挖掘和宣传传统文化中的优秀元素和时代价值。例如，在报道传统节日时，新型主流媒体不仅介绍其起源、习俗和意义，还结合时代背景和社会现实，深入解读传统节日文化的现代意义和价值，引导公众在传承传统文化的同时，也要关注现实、关注社会、关注未来。

在传播正能量方面，新型主流媒体通过报道社会正义、公德良知和英雄模范等相关事迹，展现了社会美好的一面，激发了公众的爱国热情和社会责任感。同时，新型主流媒体还积极倡导健康向上的生活方式和道德观念，引导公众树立正确的价值观和人生观，为社会的和谐稳定提供了有力的精神支撑。

（三）新型主流媒体传播中华优秀传统文化的路径选择

1. 更新理念，创新中华优秀传统文化传播内容

新型主流媒体传播中华优秀传统文化不能用拿来主义，要取其精华、弃其糟粕，防止照搬照抄，要发掘其当代价值，使中华优秀传统文化的传播顺应现实生活的需求和人们的认知；要充分利用移动通信科技与数字技术，打通中华优秀传统文化与新时代的连接，使中华优秀传统文化以一种全新的形式呈现在大众面前，并赋予其新时代精神的表达，以吸引更多的受众特别是青少年的积极参与。新型主流媒体要实现创造性转化，即要突破固有的时空限制，进行跨界演绎，用更多的形式诠释其更多元的内涵，抓住更广泛的受众，

第五章 中华优秀传统文化创新发展的多维实践

使传播中华优秀传统文化成为一种潮流。

2. 加强顶层设计，提升作品社会价值

在当今数字化和全球化交织的时代背景下，新型主流媒体应当积极发挥其在技术和人才方面的优势，深化顶层设计，致力于打造具有鲜明中华优秀传统文化特色的精品内容。这要求媒体在内容创作上追求卓越，不仅要注重形式上的创新，更要突出内容的思想内涵，弘扬社会主义核心价值观，书写深沉的家国情怀，以文化力量滋养人心。

在传承与发展的交织中，新型主流媒体需深入探索历史文化的精神内核，从精神追求层面发掘文化精华，弘扬文化精神，同时结合现代审美和时代特征，创新文化内涵，使传统文化焕发新的生机。在这一过程中，媒体应当引领文化传播的方向，将马克思主义基本原理与中华优秀传统文化相结合，不断增强文化自信，展示中华文化的独特魅力和时代价值。

同时，新型主流媒体应当紧紧围绕国家文化战略，致力于丰富和发展中国特色社会主义文化。通过深入挖掘传统文化的时代价值，结合新的时代精神，赋予其新的内涵，推动中国特色社会主义文化繁荣发展。此外，媒体还需统筹社会力量，扩大文化传播的覆盖面和影响力，促进文化的大众化、时代化、平民化，让更多的人享受到文化发展的成果。

3. 媒体共融，拓展中华优秀传统文化传播路径

在当今信息爆炸的时代，现代科技的迅猛发展，为中华优秀传统文化的传播提供了新的契机。为了有效拓宽其传播路径，应积极利用新媒体技术，创新传播策略，以更加多元化、个性化的方式呈现中华文化的独特魅力。

互联网与媒体融合的趋势日益显著，这为新型主流媒体提供了前所未有的丰富的传播渠道。在这一背景下，需要依托传统主流媒体的权威性和公信力，同时积极融合新媒体平台，形成多元化的传播矩阵。具体而言，应融合多种媒介路径，如电视、广播、报纸等传统主流媒体，以及社交媒体、新闻聚合平台、移动智能设备等新媒体平台。通过这些平台，将中华文化的精髓以图文、视频、音频等多种形式呈现给受众，实现信息的快速传播和广泛覆盖。

在传播方式上，应充分利用社交平台的互动性和新闻传播平台的时效性，采用"寓教于乐"的传播方法，让受众在轻松愉快的氛围中感受中华文化的魅力。同时，应注重多媒体、全方位的传播策略，提高传播的有效性和针对性，促进媒体深度融合和文化资源的全民共享。

4. 精准识别受众差异，提高传播的针对性和实效性

在当下社会，文化消费需求日益呈现多层次、多方面、多样化的特征，这一趋势对于文化产业的创新与发展提出了新的要求。对于新型主流媒体而言，精准识别受众差异，进而提升传播的针对性

第五章 中华优秀传统文化创新发展的多维实践

和实效性成为其面对的重要课题。

中央电视台作为国家级主流媒体，积极响应这一趋势，推出了多档旨在弘扬中华优秀传统文化的节目，如《经典咏流传》等。这些节目在设计之初，便充分考虑到受众的多样性和差异性，通过分众化和差异化的传播策略，确保内容能够精准地触达并满足不同受众群体的需求。在节目形式上，这些节目不仅注重知识的传递，更增加了趣味性和互动性，使内容更加贴近大众生活，易于接受。同时，节目还充分利用移动互联网平台，与网友进行实时互动，这不仅增加了传播的时效性和流行度，也进一步拉近了媒体与受众之间的距离。值得一提的是，这些节目的主创团队均具备深厚的传统文化功底，他们在深入挖掘和整理传统文化资源的同时，也注重将传统文化与当代文化相结合，使作品既具有深厚的文化底蕴，又富有时代精神和当代文化特征。通过这些节目，中央电视台向观众直观地展现了中华优秀传统文化的独特魅力和深厚底蕴，这不仅滋养了观众的心灵，也有效地传播了主流文化价值，对于推动中华文化的传承与创新起到了积极的作用。

结束语

中华优秀传统文化,作为中华民族五千年文明史的结晶,蕴含着丰富的智慧、道德观念和艺术价值。它是中华民族的瑰宝,也是世界文化宝库中的瑰宝。然而,面对日新月异的社会变革和科技进步,传统文化面临着如何适应新时代的挑战。

在这个过程中,创新发展成为传统文化焕发新活力的关键。通过深入挖掘传统文化的内涵,结合现代社会的需求和审美观念,我们可以发现传统文化与现代文明的交汇点,从而实现传统文化的现代转型。这不仅是对传统文化的传承和弘扬,更是对中华民族精神文化的丰富和发展。

展望未来,中华优秀传统文化的创新发展将继续深入。我们期待着更多的学者、艺术家和社会各界人士加入传统文化的传承和创新中来,共同推动中华文化的繁荣和发展。同时,我们也希望中华文化能够走向世界,与世界其他文化进行交流和融合,共同推动人类文明的进步。

参考文献

一、著作类

[1] 巴林顿·摩尔. 民主和专制的社会起源 [M]. 拓夫, 张东东, 等, 译. 北京：华夏出版社, 1987.

[2] 白寿. 中国通史：第二卷 [M]. 上海：上海人民出版社, 1994.

[3] 冯希哲. 中国传统文化概要 [M]. 北京：中国人民大学出版社, 2016.

[4] 李素霞, 杜运辉. 中华优秀传统文化的传承与创新研究 [M]. 北京：光明日报出版社, 2021.

[5] 林德宏, 肖玲, 等. 科学认识思想史 [M]. 南京：江苏教育出版社, 1995.

[6] 刘芳, 种剑德, 王玉红. 中国传统文化 [M]. 北京：中国传媒大学出版社, 2015.

[7] 冉启江, 韩家胜, 康佳琼. 中国传统文化 [M]. 上海：上海交通大学出版社, 2016.

[8] 孙丽青. 中国传统文化概要 [M]. 青岛：青岛出版社, 2009.

[9] 王丹, 孙淑萍. 中国传统文化概要 [M]. 苏州：苏州大学出版社, 2010.

[10] 王欣. 中国古代乐器 [M] 北京：中国商业出版社，2015.

[11] 王衍军. 新编中国民俗文化 [M]. 广州：暨南大学出版社，2022.

[12] 王友华. 中国传统文化概要 [M]. 西安：西安交通大学出版社，2015.

[13] 王志文，牛继舜. 中华文化传承与传播策略研究 [M]. 北京：经济日报出版社，2017.

[14] 张义明，易宏军. 中国传统文化概论 [M]. 西安：西北大学出版社，2019.

[15] 赵昭. 中国传统文化十讲 [M]. 重庆：重庆大学出版社，2019.

二、论文类

[1] 董成雄. 中国优秀传统文化的系统解读和传承建构 [D]. 泉州：华侨大学，2016：16-20.

[2] 董小雨. 新媒体时代中华优秀传统文化传播路径分析 [J]. 时代报告（奔流），2024（2）：82-84.

[3] 郭海军，谢镇泽. 中华优秀传统文化创新性发展的问题与路径 [J]. 吉林省经济管理干部学院学报，2017，31（1）：127-131.

[4] 侯金妮，廖梓颖. 中华优秀传统文化赋能中国式现代化探

析[J]. 中共伊犁州委党校学报, 2024（1）: 49-54.

[5] 孔钰. 新时代中华优秀传统文化创新性发展探析[J]. 汉字文化, 2023（4）: 65-67.

[6] 李承贵. 中国传统哲学的特质及现代转型[J]. 哲学研究, 2011（6）: 55-62.

[7] 李健, 邓晶晶, 李晗. "两创": 中华优秀传统文化时代性转化的基本方法[J]. 边疆经济与文化, 2024（4）: 103-108.

[8] 李晶晶. 新时代中华优秀传统文化创新发展探析[J]. 劳动保障世界, 2018（20）: 70.

[9] 李明洋, 曹敏慧, 易秋远等. 中华优秀传统文化研究的评价与展望[J]. 大众文艺, 2024（6）: 211-213.

[10] 吕林雪, 满山. 虚拟现实技术在传统手工艺保护中的应用[J]. 民艺, 2018（6）: 49-53.

[11] 马铮瑶. 旅游业中传统文化的应用与开发研究[J]. 黄河·黄土·黄种人, 2020（5）: 7-8.

[12] 牛咏红. 中国古代文学探析[J]. 神州, 2020（5）: 31.

[13] 渠一楠, 李俊奎. 新时代中华优秀传统文化的"创造性转化"与"创新性发展"[J]. 晋中学院学报, 2024, 41（1）: 76-79.

[14] 王彬. 浅议中国传统文化在现代服装设计中的应用[J]. 山东纺织经济, 2021（4）: 33-36.

[15] 王超阳. 传统文化的信息可视化设计研究——以二十四节气为例[D]. 太原: 山西大学, 2019: 8.

[16] 王豪爽，郑铮. 浅析中华传统文化在服装设计中的应用 [J]. 西部皮革, 2023, 45 (20): 109-111.

[17] 王丽霞. 中华优秀传统文化创造性转化和创新性发展路径探析 [J]. 山东社会科学, 2021 (11): 85-92.

[18] 王平. 中华传统节日文化的时代价值探究 [J]. 产业与科技论坛, 2021, 20 (8): 71-72.

[19] 徐奇志，李可心. 论中华优秀传统文化在新型主流媒体中的传播 [J]. 山东行政学院学报, 2020 (5): 121-128.

[20] 闫晓萍，万斌，王友文. 中华优秀传统文化旅游资源开发研究 [J]. 旅游纵览, 2020 (18): 133-135.

[21] 杨慧旻，于慧芳. 传承弘扬中华优秀传统文化的时代价值与路径选择 [J]. 现代商贸工业, 2023, 44 (21): 169-171.

[22] 尹红领. 新时代中华优秀传统文化创新性发展应秉持的"四个特性"[J]. 学习论坛, 2018 (3): 79-85.

[23] 张莉. 中华优秀传统文化美育价值和资源开发 [J]. 湖南科技学院学报, 2019, 40 (1): 116-117.

[24] 赵信彦. 新时代创造性转化和创新性发展中华优秀传统文化的逻辑理路 [J]. 福建省社会主义学院学报, 2021 (5): 4-12.

[25] 张岱年. 谈谈中国传统文化 [J]. 河南林业, 1998 (4): 27.